REVUE DES DEUX MONDES

Sommaire MAI-JUIN 2025

Littérature

Études, reportages, réflexions

Critiques

Notes de lecture

Éditorial

À la lumière de Faust

Goethe sourit. Il feuillette la première édition de son *Faust,* parue au printemps 1808. Après deux ans d'attente, la tragédie existe enfin en version imprimée. Le dramaturge vérifie le contenu. Rien ne manque, toutes les scènes sont là. Alors qu'il tourne les pages, il se remémore les deux préambules, écrits il y a longtemps. Le premier, le « Prologue sur le théâtre », met en scène un dialogue houleux entre le Directeur, le Poète et le Bouffon afin de déterminer les éléments d'une bonne pièce. Pour l'un, c'est l'action, pour l'autre, l'esprit et la majesté, pour le troisième, les sentiments, la folie et le rire. La principale source d'inspiration reste l'existence humaine car « chacun la vit et peu la connaissent » (1). Suit le second, « Prologue dans le ciel », d'ordre plus métaphysique. Des archanges célèbrent les mystères du cosmos. À la fin de leurs couplets, Méphistophélès s'avance et interpelle le Seigneur. Il lui propose un pari sur l'homme, qu'il tient pour faible, médiocre et corruptible. Le maître conteste sa vision négative et lui parle de Faust, son serviteur, qu'il mènera bientôt « à la clarté ». « Celui-là, Vous le perdrez encore, si Vous m'autorisez à le conduire doucement dans mes voies », s'amuse Méphistophélès. Le Seigneur relève le défi : il a créé l'homme libre, il compte sur cette liberté pour que sa créature choisisse son propre salut. Ainsi se joue le destin du docteur Faust. Le « Prologue dans le ciel » se termine. Commence la tragédie proprement dite, qui s'ouvre sur les lamentations du savant. Assis au milieu de livres, de feuilles volantes et de fioles, Faust ressasse des idées sombres et amères. La connaissance acquise après des années d'études aboutit à la conclusion de Socrate : il sait qu'il ne sait rien. Les secrets de l'univers demeurent impénétrables, les lois de la nature lui sont inaccessibles. Le docteur enragé de son impuissance : il refuse les limites imposées par sa condition terrestre. Animé d'une quête infinie du savoir, il se tourne vers la magie et invoque le Malin : la science lui apportera un pouvoir sur l'œuvre divine, il en est convaincu, il deviendra ainsi l'égal de Dieu. À la transcendance, il préfère les promesses nihilistes de Satan : « Je suis l'esprit qui toujours nie. » Faust en appelle alors à la destruction de la Terre : « Si tu mets d'abord en pièces ce monde-ci, un autre peut naître ensuite », déclare-t-il au prince des ténèbres. Le voici qui signe le pacte diabolique le condamnant à la damnation. Il trahit son Créateur.

Nous pourrions placer les deux thèmes de notre numéro sous la figure tutélaire de Faust. Les écrivains collaborateurs de la Seconde Guerre mondiale partagent en effet de nombreuses similitudes avec le personnage mythique : orgueil, ambition, rêves de notoriété, traîtrise. À l'image du héros goethien, ils sont libres de leur choix, et donc responsables de leurs actes. Pierre Assouline l'affirme : tous ceux qui publient pendant cette période agissent de leur plein gré. Ils savent ce qu'ils font. Personne ne signe de tribunes partisanes sous la contrainte. L'écrivain collabo ne répond pas à des critères précis. Il n'existe aucun modèle type, seulement des cas : Pierre Drieu la Rochelle, Robert Brasillach, Jacques Chardonne… Il est néanmoins mû par une crainte : devenir invisible au regard de la société. Il est dès lors prêt à vendre son âme pour voir son nom sur la couverture d'un roman ou dans un journal. À l'époque, les gens de lettres exercent une forte influence en France : on les lit, on les écoute. Joseph Goebbels ne s'y trompe pas lorsqu'il invite des auteurs à effectuer un voyage à Weimar en 1941. Il compte sur le rayonnement de ces plumes pour servir la propagande nazie. Face à la déloyauté intellectuelle, des hommes se mobilisent et créent un Comité national des écrivains. Cet organe de la Résistance se charge d'épurer les sphères de la presse et de la littérature, raconte Bénédicte Vergez-Chaignon.

Quatre-vingts ans plus tard, l'époque fascine toujours et la collaboration littéraire suscite encore des débats fiévreux. L'engouement pour Louis-Ferdinand Destouches ne faiblit pas. Michaël Ferrier l'explique : certains sujets abordés par Céline – colonisation, pauvreté, capitalisme, tartufferies médiatiques… – résonnent au XXIe siècle. Il n'est pas question de nier l'idéologie mortifère de plusieurs ouvrages mais de reconnaître les réalités brutales que l'auteur de *Mort à crédit* énonce sur le monde et sur nous-mêmes. Celles-ci nous déplaisent mais « il touche juste et va loin ». Nul message moralisant, on l'aura compris, mais un rapport direct avec le réel par la littérature. C'est ici la force d'une œuvre lucide, scandaleuse et vivante à la fois.

Le talent et la culture n'ont jamais empêché la barbarie ou l'extrémisme : ce n'est pas une affaire d'intelligence mais de valeurs, déclare Luc Ferry. « Elles ne sont ni vraies ni fausses, elles sont seulement bonnes ou mauvaises. »

Donald Trump et ses séides ont également un côté faustien. Leur soif de conquêtes territoriales et interplanétaires, leur volonté de dominer en anéantissant le savoir et la nature, leur culte des nouvelles technologies laissent entrevoir un futur inquiétant et chaotique. On se demande si le 47e président ne va pas plonger les États-Unis dans une forme de néant avec sa politique de la table rase. Il n'a ni vision stratégique ni projet d'avenir, analyse l'historien Ran Halévi. Tout se décide sur des coups de tête : le communiqué du jour est démenti le lendemain. Ce qui est illégal devient légal ; ce qui pourrait entraver les exigences présidentielles, comme les lois ou les règles démocratiques, est balayé d'un revers de main. Seuls comptent les rapports de force, les intimidations et les menaces.

Ce n'est plus Méphistophélès qui fait peur aujourd'hui, mais Faust.

Aurélie Julia

1. Goethe, *Faust, Urfaust, Faust I, Faust II*, édition intégrale établie par Jean Lacoste et Jacques Le Rider, Bartillat, 2014.

Retrouvez des éditos, des critiques, des reportages, des entretiens sur notre site www.revuedesdeuxmondes.fr.

PAS FACILE DE COLLABORER

GRAND ENTRETIEN

LUC FERRY
« La liberté fait peur parce qu'elle implique la responsabilité »

propos recueillis par Aurélie Julia

Luc Ferry aime notre époque. Loin d'être affolé par le progrès, le philosophe s'intéresse à toutes les évolutions scientifiques, sociétales, humaines qui traversent le XXIe siècle. La révolution engagée par l'intelligence artificielle le passionne. Ne lui parlez pas de déclin ou de décadence : le monde d'aujourd'hui est à ses yeux beaucoup plus respirable que celui d'hier. L'ancien ministre de l'Éducation n'est pourtant pas aveugle : il sait nos libertés fragiles. Il dénonce les ravages du wokisme qui neutralise le débat et alimente l'autocensure. Il nous met aussi en garde contre le narcissisme et la quête égoïste du bonheur qui détournent l'*Homo democraticus* des nombreux combats à mener, au premier rang desquels la sauvegarde des valeurs occidentales.

Revue des Deux Mondes – Votre intérêt pour la philosophie remonte à vos 15 ans : grâce à votre grand frère, vous découvrez la *Critique de la raison pure*, un texte d'un accès extrêmement difficile. Kant vous ouvre les portes d'un monde inconnu. Quels sont les hommes et les femmes qui comptent dans votre panthéon philosophique ?

Luc Ferry Puisque vous me posez une question personnelle, je me permettrai de vous répondre dans le même registre, bien que ce ne soit pas celui que je préfère. Contexte familial, donc : mon père était un grand pilote avant-guerre et il construisait de sublimes voitures de course. Il avait eu des difficultés avec son entreprise à cause de l'arrêt des courses automobiles au moment du premier choc pétrolier et nous avions dû nous replier dans une maison de campagne, loin de tout. C'était le Moyen Âge, il n'y avait ni chauffage central ni la moindre commodité, mais nous n'étions pas malheureux pour autant. Après avoir quitté le lycée en fin de troisième (je m'étais révolté contre l'autoritarisme stupide des établissements de cette époque…), je continuais mes études secondaires par correspondance, par le téléenseignement (le CNTE de l'époque, devenu le Cned d'aujourd'hui). J'étais en seconde, je lisais donc beaucoup puisque tous les cours que je recevais étaient évidemment des polycopiés. Mon frère, qui était déjà en terminale, lisait la préface de la *Critique de la raison pure,* centrée sur une question pour le moins peu « parlante », à savoir : « Comment des jugements synthétiques *a priori* sont-ils possibles ? » Il m'a montré ça, je n'y comprenais évidemment rien, mais je voyais bien qu'il s'agissait d'un genre d'écriture tout différent de la littérature romanesque, mais aussi des sciences qu'on étudiait par ailleurs… Mes parents avaient tout juste leur certificat d'études, ils avaient dû arrêter avant le bac à cause de la guerre, ils ne pouvaient donc pas nous aider à lire des textes qu'ils n'avaient jamais eu l'occasion d'étudier. J'ai voulu comprendre par moi-même de quoi il s'agissait et j'y ai passé quelques dizaines, puis quelques centaines d'heures avec mon frère Jean-Marc avant de voir qu'en effet, il s'agissait d'une géniale théorie de la connaissance, le principe de causalité (un principe *a priori*) associant (jugement synthétique) des causes et des effets pour produire des explications, des lois scientifiques. Du coup j'ai lu la suite et j'ai été fasciné par la déconstruction des illusions de la métaphysique que Schopenhauer, Popper, Husserl puis Heidegger allaient plus tard reprendre à Kant. J'ajoute qu'après, à l'université, j'ai rencontré deux professeurs merveilleux, Jacques Rivelaygue et Heinz Wismann. Ce dernier m'a fait partir en Allemagne pour continuer mes études, ce qui m'a permis d'apprendre la langue et de traduire plus tard les grands philosophes allemands. Je dois à ces deux professeurs plus que tout ce que je pourrais vous dire ici…

Luc Ferry est professeur de philosophie, essayiste. Il fut ministre de la Jeunesse, de l'Éducation nationale et de la Recherche de 2002 à 2004. Dernier ouvrage publié : *IA. Grand remplacement ou complémentarité ?* (Éditions de l'Observatoire, 2025).

Vous vous dites non croyant. Néanmoins, vous ne vous détournez pas des religions. Si vous étiez envoyé sur une île déserte, vous emporteriez l'Évangile de saint Jean, avez-vous souvent dit. Pourquoi cet Évangile et non pas les œuvres complètes d'Heidegger ou de Freud, par exemple ?

Parce que je trouve que Jésus est, si j'ose dire – puisque je ne suis pas croyant –, un homme extraordinaire, et que le message qu'il délivre tel qu'on peut le lire en particulier dans l'Évangile de Jean est non seulement génial sur le plan intellectuel (les paraboles sont magnifiques…), mais tout autant sur le plan spirituel et moral. Jésus est un rabbin, un juif entre les juifs, mais qui s'oppose au dogmatisme de son temps tout en reprenant au judaïsme une philosophie de l'amour qu'on trouve bien évidemment déjà dans ce que les chrétiens appellent l'Ancien Testament, notamment dans le Lévitique. Je ne crois malheureusement pas à la « Bonne Nouvelle », à la résurrection des « corps glorieux » et aux retrouvailles *post mortem*, et en ce sens je n'ai en effet pas la foi. Mais si j'ai écrit un livre avec le président du Conseil pontifical pour la culture, le cardinal Ravasi, ce n'est pas pour rien. Le pape Benoît XVI m'avait fait l'honneur de me choisir comme interlocuteur de son « ministre » pour traiter d'un thème passionnant : la signification pour un non-croyant du message de Jésus. Après le dialogue interreligieux, le pape voulait ouvrir ce qu'il appelait le « parvis des gentils », autrement dit le dialogue avec les athées et les agnostiques. Le cardinal Ravasi est un homme charmant, d'une intelligence prodigieuse, mais il a un défaut : il ne parle ni le français, ni l'anglais, ni l'allemand, de sorte qu'au Vatican, où nous nous retrouvions, notre dialogue était parfois un peu étrange. En parlant lentement, nous arrivions à nous comprendre, en nous aidant à l'occasion du grec et du latin. Je dis ça en riant parce que ça avait un petit côté moyenâgeux, mais c'est la vérité, et au bout d'une semaine, nous nous entendions comme des amis. Nous avons publié ce livre en même temps en italien et en français, sous le titre *Le Cardinal et le philosophe* (1)…

Parmi les thèmes qui jalonnent votre parcours, on relève l'humanisme des Lumières, la déconstruction (Mai 68), l'écologie, l'amour, la famille moderne, l'homme-dieu, l'intelligence artificielle. Quel est le fil rouge ?

Hegel disait de la philosophie qu'elle doit être d'abord et avant tout « son temps saisi dans la pensée » – ce pour quoi il s'est passionné pour la Révolution française ou pour l'art hollandais. C'est dans cette perspective que je me suis intéressé aux traits caractéristiques essentiels de notre époque – la naissance de la famille moderne et du mariage d'amour, la sacralisation de l'humain, l'apparition de la science et de la démocratie héritières des Lumières –, mais bien sûr aussi, ça va avec, à toutes les critiques du monde moderne, notamment telles qu'elles apparaissent en 1968, puis dans l'écologie politique. En fait, contrairement à la plupart de mes collègues aujourd'hui, j'aime la science, la technique et le monde moderne. Je pense que si la France est aujourd'hui en déclin économique, ce n'est ni irréversible ni comparable à ce que nos parents et nos grands-parents ont connu au XXe siècle. Mon grand-père a fait la guerre de 1914, mon père celle de 1940, mon oncle celle d'Algérie, tous trois ont vécu des abominations dont ils ne se sont jamais remis. Or à l'intérieur de nos démocraties comme à l'extérieur, chez leurs ennemis déclarés, le diagnostic est au fond souvent le même : à en croire les pessimistes, notre vieille Europe, et avec elle l'Occident tout entier, serait entrée dans un processus de décadence irréversible. En France même, de nombreux penseurs, souvent parmi les plus influents ou les plus talentueux, nous assurent que « c'était mieux avant », que « les civilisations sont mortelles », que nous vivons « l'effondrement des valeurs traditionnelles », que nous sommes en pleine décadence, pour ne pas dire en voie d'extinction, et que le monde de demain, qui sera celui du Sud global et des Brics, se moque déjà de notre affaissement dans la mollesse et la facilité. Tout en reconnaissant les défauts de notre époque (mais quelle époque n'en a pas ?), j'ai cru devoir nuancer ces reprises du fameux thème du « déclin de l'Occident ». Comme j'aime bien aller aux faits, ne pas me contenter des jugements portés au doigt mouillé par l'air du temps, j'ai souvent cité dans mes livres les travaux de chercheurs sérieux qui, fidèles à l'héritage des Lumières et à l'idée de progrès, montraient, faits et arguments à l'appui, que notre monde, malgré tous ses défauts, allait quand même infiniment mieux que dans les années trente, soixante et même soixante-dix : après tout, Hitler et Staline sont morts et enterrés, la révolution culturelle chinoise aussi, qui fit près de soixante millions de morts, et la démocratie, tant bien que mal, a gagné depuis les années soixante du terrain au cœur même de l'Europe, au Portugal, en Espagne et en Grèce, mais tout autant dans les pays de l'Est et en Amérique latine. Par-delà l'opposition entre optimistes et pessimistes, une opposition que j'ai toujours jugée indigente, je m'en suis tenu à l'idée que l'histoire est tragique, pleine de contradictions et de déchirements, et que l'époque contemporaine, comme toute autre époque, en est elle aussi pétrie, bien qu'au total en net progrès, du moins en Occident, par rapport aux précédentes.

Nous sommes dans une société centrée sur l'individu, sur l'épanouissement personnel, sur *La Frénésie du bonheur,* pour citer l'un de vos livres (2). Avons-nous perdu la notion du sens et du bien commun ?

Malgré ce que je viens de vous dire, et pour des raisons sans doute autres que celles qui animent les déclinologues, le doute aujourd'hui m'envahit s'agissant de la question que vous posez. Quand j'observe le déferlement de ces milliers d'articles, de livres, de séminaires, d'applications et de magazines de psychologie positive qui élèvent la quête du bonheur et du « développement personnel » au rang de seule et unique finalité de l'existence, qui stigmatisent l'esprit de sacrifice et font sans vergogne l'éloge du narcissisme, je me demande si une crise de la conscience européenne n'est pas en train de nous livrer pieds et poings liés à la brutalité de ces pays « illibéraux » qui peuplent le Sud global et qui s'apprêtent à dominer le monde. Je crains fort que ces nations émergentes, qui travaillent, comme on le voit dans le sillage de la guerre en Ukraine, à la recomposition d'un monde dont la dureté n'aura d'équivalent que sa haine de la démocratie occidentale, n'aillent pas tirer parti de ce souci de soi gentillet qui semble s'emparer sans résistance d'un *Homo democraticus* désormais frénétiquement préoccupé par son nombril.

Le culte du moi se traduit par une hypersensibilité. L'émotion remplace la réflexion. La place accordée au débat se réduit. Tout propos dissonant est discrédité, qualifié d'extrême droite ou de wokiste. On en appelle au « bon sens », un argument imparable pour arrêter les discussions. Le dialogue est-il mort ?

Je suis fasciné par la manière dont s'opposent aujourd'hui aux États-Unis deux façons de museler brutalement la liberté d'expression. D'un côté, Donald Trump coupe les subventions aux institutions, en particulier universitaires et scientifiques, qui lui semblent marquées par le wokisme, et à juste titre on s'en inquiète. Mais de l'autre, depuis les années quatre-vingt, les attaques wokistes contre la liberté d'expression ont été tout aussi nuisibles. J'en sais quelque chose pour avoir enseigné pendant des années aux États-Unis et avoir été, pour ne vous donner qu'un exemple, parfois victime des « *ovarium* de philosophie » (sic : séminaire est masculin !), qui ont réussi à interdire ma conférence sur la Déclaration des droits de l'homme de 1789 au motif qu'il fallait la débaptiser pour dire « droits humains » ! C'est bel et bien à cause de l'américanisation de l'Europe qu'on se voit parfois contraint de recourir à la « langue de caoutchouc » pour échapper aux tribunaux. Sans parler de ceux qui ont été interdits de parole dans des universités dominées par une extrême gauche politiquement correcte, wokiste et islamo-gauchiste. À peu de chose près, tous les intellectuels qui ont eu le malheur de parler « dans le poste » ont été poursuivis en justice, le judiciaire prenant le relais du débat public. Au moindre « dérapage », c'est aussitôt une plainte qui vous tombe dessus, et si on évoque en classe *Charlie* et ses caricatures, c'est sa vie qu'on met en danger, comme en témoigne l'abominable sort réservé à Samuel Paty.

L'Arcom a évincé C8 de la TNT. Les Presses universitaires de France repoussent la parution d'un livre, *Face à l'obscurantisme woke,* pourtant commandé par l'éditeur. La liberté d'expression est-elle menacée sur le Vieux Contient, comme le prétend J. D. Vance lors de son discours à Munich le 14 février ?

Je n'ai aucune sympathie pour l'émission d'Hanouna, mais la suppression de C8 est un scandale démocratique, et pour parodier la formule qu'on prête à Voltaire (mais qui reste introuvable…), bien qu'en désaccord, je me battrai pour la liberté de mes adversaires. Mais, il faut le signaler à M. Vance, si nous en sommes là en Europe, c'est d'abord et avant tout à cause de son beau pays ! Les *sensitivity readers* chargés de relire les livres, y compris les classiques, afin d'en modifier les titres, d'en gommer les mots qui pourraient heurter telle ou telle « minorité », ne sont pas une invention européenne. Ils nous viennent en ligne directe de la lame de fond politiquement correcte, wokiste et communautariste spécifiquement américaine, résolument anti-universaliste et antirépublicaine, au sens français du terme. Même chose pour l'*affirmative action* (la « discrimination positive ») et les *gender studies* (« études de genre »), qui sont elles aussi une importation d'outre-Atlantique et qui, là encore, pratiquent à jet continu la *cancel culture*, un américanisme qu'on peut traduire par « culture de l'annulation et du boycott », une pratique qui a pour but d'entraîner la mort sociale, voire de pousser au suicide ceux qui en sont les victimes.

Les idéologies prétendent résoudre la question du sens de l'existence. L'homme, particulièrement déboussolé aujourd'hui, se raccroche à des pensées radicales, des pensées toutes faites. Quelle est votre définition de la liberté ? Pourquoi fait-elle peur ?

La liberté, c'est avant tout le libre arbitre, la possibilité de choisir entre des options différentes, donc l'opposé absolu du déterminisme de Spinoza et Marx. Pour parler comme l'existentialisme sartrien, le déterminisme, c'est le comble de la mauvaise foi, une attitude qui consiste à faire comme si nous étions dotés d'une essence préalable, d'une nature biologique ou sociale contraignante, déterminante et que, du coup, nous n'étions pas libres d'inventer nos vies. L'homme de mauvaise foi, c'est celui qui, en s'inventant un déterminisme social ou historique, nie sa propre liberté. Pourquoi la liberté fait peur? Parce qu'elle implique la responsabilité que le déterminisme nous ôte, comme il nous soulage de ce que Spinoza appelle à tort les « passions tristes », des passions comme la honte ou l'indignation, qui sont en fait des passions liées à l'idée de responsabilité et, comme telles, des passions à mon sens tout à fait précieuses. Un humain qui ne les connaîtrait pas ne serait pas un sage, mais un robot…

Vous vous intéressez aux sciences depuis longtemps. Vous venez d'ailleurs de publier un livre sur l'intelligence artificielle (3). Celle-ci va reconfigurer nos sociétés, nos savoirs, notre travail. Annonce-t-elle aussi une révolution transhumaniste ? Que va-t-il rester d'humain ?

L'IA est d'ores et déjà supérieure en intelligence pure à la plupart des humains, sinon à tous. Je ne le dis pas pour provoquer, mais parce qu'une IA générative de DeepMind, AlphaGeometry 2, a réussi tout récemment cet exploit inimaginable de se placer au niveau des médaillés d'or des Olympiades internationales de mathématiques, voire au-dessus. Soyons honnêtes : combien d'humains en seraient capables ? En outre, ayant été entraînée sur des millions de livres et des milliards de données en tout genre, elle est forcément plus savante et plus cultivée que le plus cultivé des hommes. C'est donc à juste titre que les spécialistes de l'IA sont désormais convaincus que les IAG, les intelligences artificielles généralistes, supérieures à nous dans tous les domaines du savoir, verront le jour dans la décennie qui vient. Pour autant, pourront-elles dépasser l'humain dans le domaine des valeurs, qu'il s'agisse de valeurs morales, esthétiques, politiques ou spirituelles ? La réponse est non. L'IA peut imiter nos sentiments, mais faute d'être incarnée dans un corps vivant, elle ne peut pas les vivre, les ressentir, de sorte que si un jour une IA forte (dotée de conscience et d'émotions) devait exister, ce ne pourrait être que par hybridation avec un organisme vivant. Il faut bien comprendre que si la raison y a sa part, le choix entre des systèmes de valeurs n'est pas essentiellement une affaire d'intelligence. À preuve, le fait que Heidegger était génial… et nazi, que Foucault et Sartre s'agenouillaient devant Khomeiny ! Les visions morales du monde qui sous-tendent le libéralisme, le communisme ou le nazisme ne sont pas affaire d'intelligence, elles ne sont ni vraies ni fausses, elles sont seulement bonnes ou mauvaises selon les valeurs qu'on adopte. Même chose en esthétique : je préfère infiniment Ravel à Boulez, mais ma préférence n'est pas affaire de vérité. Elle est tout au plus l'objet d'argumentations, de discussions et de disputes, pas de démonstration au sens que le mot a dans les sciences. L'IA peut bien sûr imiter nos sentiments, elle peut sans difficulté donner son avis sur des valeurs, mais seulement parce que des humains l'ont « alignée » sur une vision morale du monde qu'elle ne choisit pas par elle-même. Elle peut évidemment poser des questions, forger des problématiques et rédiger des dissertations de philosophie, mais ses réponses seront toujours guidées par les codes sur lesquels elle aura été alignée non pas librement, mais par des programmateurs qui les ont choisis pour elle.

Nous resterons supérieurs à la machine grâce à notre libre arbitre et à nos valeurs, écrivez-vous. Pourquoi ?

Oui. Encore une fois, on pourra fabriquer des IA kantiennes ou spinozistes, wokistes ou républicaines, religieuses ou athées, etc., mais les réponses qu'elles formuleront aux questions qu'on leur posera seront toujours fonction de la façon dont on les aura codées. C'est du reste déjà le cas : les biais éthiques de Gemini ou ChatGPT transparaissent dès qu'on leur pose des questions politiquement non correctes sur le racisme, le féminisme ou la protection des animaux. Ces IA sont clairement démocrates et californiennes, comme leurs programmateurs – ce qui renvoie *in fine* ce débat à la question du libre arbitre que nous évoquions tout à l'heure, car un philosophe déterministe, spinoziste et matérialiste dira évidemment que les humains sont tout aussi « alignés » que les machines : alignés sur leur degré de puissance en Dieu (Spinoza), sur leur histoire familiale et leur milieu social (Bourdieu), leur infrastructure génétique (Changeux), etc. C'est bien en dernière instance à la question du libre arbitre qu'on est renvoyé dès qu'on réfléchit à ce que l'IA laissera à l'être humain. En matière d'intelligence et de connaissances, nous serons tous dépassés dans la décennie qui vient, mais si on croit au libre arbitre, si on pense que le sens que nous donnons aux informations et aux connaissances que nous acquérons dépend toujours en dernière instance des valeurs que nous choisissons librement, l'IA ne nous supplantera jamais. C'est donc vers les métiers qui mettent le plus en valeur les relations humaines qu'il faudra orienter nos enfants si l'on veut éviter qu'ils soient remplacés par des IA.

L'intelligence et la culture n'ont jamais empêché la barbarie. La pensée, le talent ne sont pas contradictoires avec une forme d'extrémisme, l'histoire littéraire et philosophique est remplie d'exemples. Vous êtes-vous, vous-même, déjà trompé ?

La leçon du nazisme est qu'en effet, les hommes et les femmes du pays le plus cultivé de la planète ont majoritairement pu être fascinés par Hitler. Heidegger est sans doute le plus grand penseur du XXe siècle et il fut un fervent nazi, mais nos intellectuels français ne valent guère mieux quand on pense que la « pensée 68 » a entraîné les plus en vue vers un maoïsme qui venait de vouer à la mort des dizaines de millions d'innocents, pour ne rien dire de ceux qui furent communistes ou trotskistes. Je me suis évidemment trompé mille fois, comme tout le monde, mais, grâce à mon éducation, pas en politique. J'étais déjà gaulliste en 1968 avec, à gauche, une amitié pour Rocard et plus tard de l'estime pour Chevènement. Pour tout vous dire, je le regrette moins que jamais…

Qu'est-ce qui vous agace le plus aujourd'hui ? Et ce qui vous réjouit ?

Ce qui m'agace le plus, c'est le manque de compétence de nos politiques en matière de science et d'économie, ce qui m'inquiète, c'est le passage d'une société de défiance généralisée à une société de la haine, et ce qui me réjouit, c'est de vivre malgré tout dans une nation libre qui pourrait retrouver une voie vers le progrès. Le problème, c'est que depuis l'effondrement du communisme, nos dirigeants, faute de comprendre les aspirations de la famille moderne et les révolutions de la vie privée, ont été incapables de formuler quoi que ce soit qui ressemble à un grand dessein, ce qui a permis à l'écologie politique d'occuper le vide, parfois pour le meilleur, parfois pour le pire…

Guerre en Ukraine, Gaza, urgence climatique… : nous traversons une période anxiogène. Quels livres philosophiques recommanderiez-vous pour répondre à nos peurs ?

Sans hésiter, les miens ! (Rires.)

1. Luc Ferry et Gianfranco Ravasi, *Le Cardinal et le philosophe*, Plon, 2013.
2. Luc Ferry, *La Frénésie du bonheur*, Éditions de l'Observatoire, 2023.
3. Luc Ferry, *IA. Grand remplacement ou complémentarité ?*, Éditions de L'Observatoire, 2025.

DOSSIER

LES ÉCRIVAINS COLLABOS

Qu'est-ce qu'un écrivain collabo ?

Pierre Assouline

Un écrivain, on sait ce que c'est. Quelqu'un dont l'écriture est le métier et qui tire l'essentiel de ses ressources de l'exploitation de ses livres. Ce qui n'empêche pas des journalistes, des professeurs, des avocats, des employés de compagnies d'assurances d'être aussi des écrivains, comme leur œuvre en atteste. Un collabo, on sait également, dès lors que l'on prend soin de distinguer la collaboration d'État, résultat d'une volonté politique (Vichy), du collaborationnisme, fruit d'une adhésion sans réserve à la victoire allemande sur l'Europe (Paris), même si les passerelles ne manquent pas entre les deux, notamment lorsque les fonds secrets du président du Conseil financent abondamment les journalistes de la presse ultra du second. Mais un écrivain collabo ? Là, on entre dans le dur, on touche du doigt la complexité, on pénètre dans l'univers de la nuance et ses échappatoires. La recherche a bien labouré le domaine depuis le temps où l'historien Henri Michel, l'un des pionniers des études sur la Seconde Guerre mondiale, pouvait écrire : « Il existe quelques différences entre les écrivains collaborateurs ; de degré, mais pas de nature ; et pas de véritable divergence. (1) »

Pierre Assouline est journaliste et écrivain. Dernier ouvrage publié : *L'Annonce* (Gallimard, 2025).
pierreassouline@gmail.com

Alors on sent bien la nécessité de reprendre toute cette affaire à nouveaux frais, mais par quel bout ? Vient un temps où il ne suffit plus de ressasser que Sartre a fait jouer ses pièces devant un parterre vert-de-gris d'officiers allemands, jusque et y compris *Les Mouches,* au théâtre Sarah-

Bernhardt fraîchement débaptisé par Vichy en raison de ses origines, qu'il a succédé sans état d'âme à la chaire de philo de la khâgne du lycée Condorcet à Ferdinand Alquié, remplaçant provisoire de Henri Dreyfus-Le Foyer, mis à la retraite anticipée en raison de sa qualité de juif, qu'il a signé un contrat de scénariste avec Pathé, qu'il écrivait dans les colonnes du proallemand *Comœdia* non sans dénoncer dans le même temps l'attitude des écrivains collabos dans *Les Lettres françaises* clandestines, et ce tout en fondant l'éphémère mouvement « Socialisme et liberté » dans la clandestinité, avant de rejoindre le Comité national des écrivains (CNE)... Ouf! *So what?* « Sartre fut plus compromis avec le système que ses hagiographes veulent l'avouer », a pu souligner Ingrid Galster en regrettant que l'on escamotât chez lui la contradiction entre résistance intellectuelle et accommodation tacite à l'antisémitisme alors qu'elle est « flagrante » (2).

De quoi nous renseigner sur les méandres tortueux de sa pensée, sans en faire un modèle type. Car au fond il n'y en a pas, même s'ils ont au moins un point commun, ceux qui ont publié sous la botte. Beaucoup d'entre eux sont visés par cette observation cruelle mais juste de Jean Guéhenno :

> « L'espèce de l'homme de lettres n'est pas une des plus grandes espèces humaines. Incapable de vivre longtemps caché, il vendrait son âme pour que son nom paraisse. Quelques mois de silence, de disparition l'ont mis à bout. Il n'y tient plus *[...]* "Il faut, dit-il, que la littérature française continue." Il croit être la littérature, la pensée française, et qu'elles mourraient sans lui. (3) »

Je signe, donc je suis. C'est un principe fondamental implicite du milieu littéraire parisien. Sous l'Occupation, il est régi par les mêmes lois qu'en temps normal, auxquelles s'ajoutent la pénurie de papier et le régime de censure. Quatre-vingts ans que les Français en disputent. Nous sommes dans le premier quart du XXIe siècle, mais on a parfois l'impression que Brasillach a été exécuté la semaine dernière. C'est dire l'actualité du débat. Il est vrai qu'il vaut autant pour ce qu'il raconte que pour ce qu'il dit d'autre, ce qu'il raconte des hommes, des destinées, de la vie des idées en France, cette nation dite littéraire et mère patrie de l'intellectuel. Au vrai, s'il y a bien dans ce domaine une notion rétive à la modélisation, c'est bien celle d'« écrivain collabo ». Le milieu littéraire étant notoirement constitué d'individualistes, il n'y a que des cas. Et une fois ceux-ci établis, encore faut-il préciser : actif ou passif ?

Si l'on essayait de créer une typologie, il faudrait s'entendre sur les critères. Ce pourrait être la publication sous la botte puisque tout auteur devait soumettre *via* son éditeur son manuscrit à la censure allemande. Sans son tampon, point de salut. À cette aune, il ne reste plus grand monde debout sinon les exilés (Breton, Saint-Exupéry, Caillois, Cohen…), les maquisards (Char, Prévost…) et une poignée d'écrivains qui continuent à écrire en se jurant de ne jamais passer sous les fourches caudines des censeurs, et donc en se condamnant à ne pas paraître tant qu'« ils » seront là (Jean Guéhenno, qui tient clandestinement son admirable *Journal des années noires,* que Gallimard publiera en 1947). L'immense majorité ne renonce pas à paraître dans les conditions fixées par l'occupant. Après tout, les professeurs et les gens de théâtre eux-mêmes signent un papier certifiant leur aryanité.

Se prononcer sur l'attitude des gens de lettres, c'est les juger à nouveau, qu'on le veuille ou non, mais en tâchant de délester notre regard de tout anachronisme, de tout ce que l'on a appris et que les contemporains des années noires ignoraient, à commencer par la fin de l'histoire. Dans *Des mots et des actes* (4), Jérôme Garcin propose à chacun d'avoir sa propre échelle de valeurs, son échelle de Richter, un référent à qui on voue une totale confiance à la lumière de son œuvre, de sa vie, de ses convictions et de son authenticité lors de la mise en musique de tous ces éléments conjugués. Et comme il avoue avoir peu apprécié « l'éclosion du bon chic collabo dans la vie littéraire parisienne », on comprendra que pour lui, ce sera le maquisard stendhalien Jean Prévost. Mais il est difficile de n'en choisir qu'un seul, au risque que l'éclat d'une vie héroïque supplée une œuvre dont la disparition prématurée de l'auteur, les armes à la main, a interrompu et freiné le rayonnement.

De l'enquête réalisée sur cinquante-cinq « écrivains collabos » par la sociologue Gisèle Sapiro (5), il ressort qu'ils appartenaient à toutes les classes d'âge, que la moitié d'entre eux étaient journalistes et que, dans leur grande majorité, ils venaient de la droite, sinon de l'extrême droite. Selon elle, on peut distinguer quatre figures idéales typiques de l'écrivain collaborateur en vertu de la position qu'il occupe dans le monde des lettres : le « notable », membre de l'Académie française ou de l'académie Goncourt (Abel Bonnard, Pierre Benoit, Sacha Guitry, René Benjamin), l'« esthète » (Drieu la Rochelle, Jean Cocteau et nombre de plumes de *Comœdia*, hebdomadaire culturel et politique collabo *light*), le « polémiste » (Robert Brasillach, Lucien Rebatet et autres dans *Je suis partout*) et l'écrivain d'« avant-garde » (Céline). Les collaborationnistes se sont le plus souvent identifiés à la figure radicale du polémiste, plus rarement à celle de l'esthète, qui avait pourtant les faveurs de l'occupant en raison du capital symbolique dont jouissait cette catégorie d'intellectuels. La visibilité accordée par ce statut, que l'écrivain dit esthète sut mettre à profit à titre personnel, lui coûta cher au moment de l'épuration. Rien n'était plus facile que de constituer un dossier d'accusation (il suffisait de colliger les articles), et rien n'était efficace sur le plan politique comme de désigner à la vindicte publique des coupables tellement plus spectaculaires car plus célèbres que d'anonymes magistrats qui avaient envoyé des résistants au poteau, ou des chefs d'entreprise qui s'étaient enrichis en construisant le mur de l'Atlantique. Les écrivains étaient des traîtres bien pratiques. Parfois, des images suffisaient. Une photo mille fois reproduite a fixé leur profil dans l'imaginaire collectif : celle de ces sept hommes (Drieu la Rochelle, Ramon Fernandez, Robert Brasillach, Abel Bonnard, André Fraigneau, Jacques Chardonne, Marcel Jouhandeau – mieux inspirés, Henry de Montherlant et Marcel Arland s'étaient décommandés *in extremis*) cornaqués par le lieutenant Heller, de la Propagandastaffel, saluant tout sourire sur le quai de la gare avant de se rendre en octobre 1941 à Weimar, tout près, si près du camp de Buchenwald, dans le cadre d'une tournée de propagande à travers l'Allemagne, au congrès des « écrivains européens », à l'invitation de Goebbels.

Antoine Blondin et Lucien Combelle

À la fin du XXe siècle, j'avais organisé un déjeuner entre deux de mes amis qui firent leurs débuts sous l'Occupation afin de confronter leurs souvenirs : Antoine Blondin et Lucien Combelle. Mais j'ignorais les feux mal éteints d'un contentieux vieux d'un demi-siècle. Avant même l'arrivée du plat de résistance sur la nappe à carreaux du *Git-le-cœur,* le ton monta, du moins celui de Blondin, déjà sérieusement imbibé, encouragé par le calme imperturbable de Combelle, lequel avait aussi faim que l'autre avait soif. « Combelle ? Salaud ! » hurla-t-il à plusieurs reprises en essayant de l'agripper. Et comme il faut être deux pour en venir aux mains, et que les autres tables trouvaient la nôtre trop menaçante, on fit gentiment évacuer Blondin, qui ne se fit pas prier en ayant l'habitude. C'est alors que j'eus l'explication. Ils avaient eu des mots en… 1943, mais des mots publiés. Dans *Révolution nationale,* qu'il dirigeait, Combelle s'était moqué de sa bande, constituée selon lui de « révolutionnaires en vélin supérieur ». Il tançait le bourgeois derrière le polisson. Son papier était le mouvement d'humeur d'un petit-fils d'ouvrier de Saint-Sever, sueur noire et mains calleuses, contre les intellectuels des beaux quartiers, dénoncés comme des irresponsables coupables de légèreté. Leur fascisme littéraire lui paraissait de mauvais aloi. En retour, dans un article des *Cahiers français*, Blondin l'avait traité de fonctionnaire du nationalisme, personnage sérieux et consciencieux à l'excès, dépourvu d'humour et de sympathie. Ils voulaient tous deux faire la révolution. Mais Lucien Combelle l'envisageait comme une croisade et Antoine Blondin comme une croisière. L'un avait les deux pieds dans la collaboration, l'autre à peine un. Ils n'étaient pas encore des écrivains, juste de la graine d'écrivain. Que serait-il advenu d'eux et de leur différend si l'Occupation s'était poursuivie quelques années de plus ?

Un élément essentiel de la réussite de la propagande en France occupée a été la mise en place de relais intellectuels purement français et tout à fait crédibles, c'est-à-dire pas trop marqués : Alfred Fabre-Luce plutôt que Lucien Rebatet. La manière dont le premier stigmatise la faillite morale et militaire de la France a une portée infiniment plus grande que la virulence du second, acquis à Hitler. Plus l'écrivain jouit d'une réputation prestigieuse, plus sa caution est importante, quels que soient ses écrits. Les Allemands ont favorisé cette tendance mais nul n'a forcé quiconque à signer des panégyriques de l'Europe nationale-socialiste. Les écrivains français qui publient sous la botte sont mus par des mobiles divers – conviction politique, ambition, intérêt matériel, esprit de revanche, orgueil, faiblesse –, jamais par la contrainte. Par-delà un travail de reconstruction et d'enquête, mené jusque dans l'inconscient des écrivains pour déceler leurs intentions, les écrits et les faits sont incontournables : ils avaient tous les moyens de calculer les conséquences de leur acte. Ils savaient et agissaient en pleine responsabilité.

Publier ou ne pas publier ? Paraître ou s'abstenir de paraître ? Après la guerre, à l'heure des remises en cause, des grandes explications et des règlements de compte entre intellectuels, la question prendra la forme du débat. Sous l'Occupation, au plus fort du drame, peu d'écrivains s'interrogent vraiment sur la faculté de cautionner ou de combattre la politique culturelle du IIIe Reich. La plupart acceptent de publier, certains par idéologie, d'autres par orgueil, par opportunisme ou par habitude, d'autres encore dans l'intention de faire passer en toute légalité un message clandestin voire de la « littérature de contrebande », tout en publiant chez Denoël, l'éditeur de Céline (Aragon, Elsa Triolet). Avant d'être un collabo, un écrivain demeure un écrivain. Il l'était avant l'Occupation et le demeurera après, avec une fortune variable selon l'air du temps.

Entre 1940 et 1944, l'intelligentsia française atteint un degré de contradiction rarement égalé. À une époque où il eût été déshonorant de ne pas s'engager, nombre d'écrivains s'illustrent dans l'ambiguïté et l'ambivalence, parfois dans la lâcheté et le double jeu. Beaucoup agissent comme si la guerre les avait surpris et acculés à une situation imprévisible : celle du choix. Comme si l'entre-deux-guerres n'avait pas retenti de querelles incessantes sur la responsabilité des intellectuels, leurs devoirs en temps de crise et les exigences morales de leur charge.

L'habileté de la Propaganda Abteilung Frankreich a fait de l'autocensure une arme plus efficace que la censure elle-même, stade ultime du contrôle. La contrepartie, c'est l'attribution ou non du contingent de papier, problème bassement matériel mais élément clé de la politique littéraire de l'Occupation. Le papier à imprimer est la monnaie qu'utilise la censure allemande pour rétribuer la résignation, la bonne volonté et le zèle idéologique des éditeurs.

Outre le fait que, jadis comme aujourd'hui, les écrivains qui vivent de leur plume étaient une infime minorité, la responsabilité de l'intellectuel interdit de considérer les devoirs de sa fonction, sa charge et son métier sur le même plan que ceux des autres professions.

Mais si l'histoire devait bégayer quatre-vingts ans après l'Occupation et que les écrivains et éditeurs français se retrouvaient acculés à un semblable dilemme, il n'est pas inepte de penser qu'ils réagiraient, en majorité, de semblable manière, malgré les leçons tirées du passé. Au-delà des contingences historiques, il est des traits de caractère qui paraissent immuables, surtout dans un milieu aussi restreint et figé. À l'aube d'une guerre à l'échelle de l'Europe, sans même avoir à envisager la noire perspective d'une occupation, il n'est que de tendre l'oreille aux médias et de lire les tribunes pour voir déjà se dessiner l'esprit de collaboration chez certains de nos écrivains.

1. Henri Michel, « Sur la collaboration "littéraire" », *Revue des Deux Mondes*, janvier 1985.
2. Ingrid Galster, « Que faisait Jean-Paul Sartre sous l'Occupation ? », *L'Histoire*, n° 248, novembre 2000.
3. Jean Guéhenno, *Journal des années noires*, Gallimard, 1947.
4. Jérôme Garcin, *Des mots et des actes. Les belles-lettres sous l'Occupation*, Gallimard, 2024.
5. Gisèle Sapiro, « La collaboration littéraire », in Albrecht Betz et Stefan Martens, *Les Intellectuels et l'Occupation, 1940-1944*, Autrement, « Mémoires/Histoire », 2004.

JÉRÔME GARCIN
« Dans les années quatre-vingt s'installe le bon chic collabo »

propos recueillis par Jacques de Saint Victor

Auteur de *Des mots et des actes*, Jérôme Garcin y passe en revue le comportement des écrivains sous l'Occupation : ceux qui collaborent et ceux qui résistent, par la plume ou par les armes. Céline, Morand, Brasillach, Rebatet, Chardonne... ils sont nombreux à avoir choisi l'odieux. Dans les années quatre-vingt, un « bon chic collabo » s'empare du petit milieu littéraire, qui réhabilite ces écrivains sulfureux. Leur compromission avec l'Allemagne nazie, leur antisémitisme ou leur proximité avec Vichy ont des degrés divers, mais pour tous se pose le dilemme de la dissociation de l'homme et de l'œuvre.
À la littérature, Jérôme Garcin a longtemps demandé « de l'aide », pas « des comptes ». Avec ce livre, il a changé de point de vue.

Revue des Deux Mondes – Votre essai sur les belles-lettres sous l'Occupation (1), consacré notamment à Céline, Morand, Chardonne, Drieu, etc., pose une question délicate : que faire quand l'odieux a du génie ?

Jérôme Garcin Je voudrais préciser d'emblée que mon livre n'est pas d'un historien, mais simplement d'un lecteur. Un lecteur qu'a toujours passionné la littérature française de l'entre-deux-guerres et de l'Occupation. Dans ma jeunesse, je lisais de manière compulsive Céline, Morand, Chardonne, Drieu la Rochelle, Claudel, Giraudoux, et tant d'autres. À la mort de mon père, qui était directeur des Presses universitaires de France et est décédé brutalement en 1973 d'une chute de cheval, lorsque j'avais 16 ans, j'ai décidé de faire des études littéraires alors que je me destinais auparavant à la médecine, comme c'était la tradition dans ma famille. Et j'ai été tout de suite fasciné par ces grands écrivains. Je les ai dévorés de l'adolescence jusqu'à la khâgne, et je me moquais bien alors de savoir ce qu'ils avaient fait durant la guerre. Je n'en savais même rien. J'attendais alors de la littérature qu'elle m'offre à la fois un refuge et un horizon. Je lui demandais de l'aide, pas des comptes. Je reprends tel quel, dans mon livre, un entretien réalisé en 1977 avec Lucette Destouches, la veuve de Céline. J'étais rentré très tôt dans la vie active aux *Nouvelles littéraires*, à 19 ans, et, un été, sur l'île de Noirmoutier, Me François Gibault me propose de rencontrer la veuve de l'écrivain du *Voyage au bout de la nuit*. Comme elle refusait en général de parler à la presse, je m'étais précipité. Je la revois encore, allongée sur sa chaise longue comme une déesse égyptienne. Et si j'ai tenu à publier cet entretien, quarante-sept ans plus tard, c'est pour montrer la candeur de mes questions. L'antisémitisme était à peine abordé. Le sujet me troublait, mais je n'en faisais pas le thème principal de cet entretien.

Qu'est-ce qui vous a fait changer ?

Ce sont les années quatre-vingt, quand la gauche est arrivée au pouvoir. Je salue l'élection de François Mitterrand à l'Élysée mais les ombres de Papon et de Bousquet rôdent. Certaines choses commencent à me troubler. Il n'y a pas une interview littéraire de Mitterrand qui ne commence par un éloge appuyé de Jacques Chardonne, sans que jamais soit évoquée son admiration pour l'Allemagne nazie, que l'écrivain a exprimée en 1943 dans *Le Ciel de Nieflheim*. À cette époque, je reconnais que je n'étais pas davantage soucieux de rappeler le passé de l'auteur des *Destinées sentimentales*. Je produisais alors sur FR3 une émission littéraire, qui s'appelait *Boîte aux lettres,* dont j'avais consacré tout un numéro à Chardonne, avec Ginette Guitard-Auviste et Matthieu Galey, où il n'avait pas été question de sa proximité politique et idéologique avec Vichy. Politiquement, c'est avec l'entrée en fanfare de Jean-Marie Le Pen au Parlement européen en 1984 et à l'Assemblée nationale en 1986, grâce, rappelons-le, à François Mitterrand, que je commence à m'interroger. Je vois le petit milieu littéraire qui embraye et se met à réhabiliter les indésirables. Le plus frappant, ce sont les hagiographies de Brasillach qui commencent à

Jérôme Garcin est journaliste et écrivain. Dernier ouvrage publié : *Des mots et des actes. Les belles-lettres sous l'Occupation* (Gallimard, 2024).

éclore à cette époque. On le présente comme un martyr de l'Épuration. J'ai notamment souvenir de celle d'Anne Brassié, qui va jusqu'à tenir pour une preuve d'humanisme le fameux éditorial de *Je suis partout* de 1942 dans lequel Brasillach suggère de rafler les juifs en bloc, y compris les enfants. À la même époque, Rebatet est republié par Le Dilettante, Paul Morand entre dans la Pléiade, Drieu est porté aux nues et s'installe un climat que j'ai appelé le « bon chic collabo ». C'est un peu provocateur mais je me rends compte que, dans les salons parisiens, on préfère avoir tort avec Chardonne que raison avec Vercors. Or, au même moment, je découvre la littérature concentrationnaire, Primo Levi notamment, que je n'avais pas lu. Je prends conscience de l'innommable. Et le choc me rend cette tendance du petit milieu parisien de plus en plus insupportable.

Les travaux sur Vichy et la collaboration, ainsi que certains films, comme *Le Chagrin et la pitié*, remontent à la fin des années soixante et aux débuts des années soixante-dix. Comment expliquer ce décalage entre savoir historique et savoir littéraire ?

Je ne parle en effet que d'un point de vue littéraire. Je découvre *Nuit et brouillard* au cinéma, puis *Le Chagrin et la pitié*, dans ces années quatre-vingt. Bref, beaucoup plus tard. Je me souviens de conversations nombreuses que j'avais à l'époque avec le meilleur ami de mon père, Pierre Nora, dont le frère, Simon Nora, un des hommes de la compagnie de Jean Prévost dans le Vercors résistant, m'avait raconté les derniers jours de son chef héroïque. Après coup, je me dis que j'ai longtemps été soit candide, soit hémiplégique. J'ai traversé cette période sans aucun repère historique autre que ceux que me fournissaient les livres de littérature de l'époque. C'est aussi la raison de mon livre. Je veux refaire un peu de pédagogie. Aujourd'hui, nombre d'historiens vont me dire que tout ce que je raconte est connu. C'est vrai. Pourtant, je ne fais pas une rencontre publique sans que des lecteurs viennent me confier avec sincérité : « On ne savait pas tout ça. » Même le train de la honte, ce voyage payé en octobre 1941 par Goebbels aux principaux écrivains français comme Drieu la Rochelle, Brasillach, Chardonne, Jouhandeau, etc., beaucoup de lecteurs l'ignorent encore. Je pense que, de temps en temps, il n'est pas mauvais de rappeler certaines évidences, surtout quand on voit ressurgir aujourd'hui des idées nauséabondes et dangereuses.

Vous pensez que cette mode pour les réprouvés est toujours d'actualité ?

Aujourd'hui, au nom de Céline, on finit par créditer tous les écrivains collaborationnistes français d'un génie comparable à celui de l'auteur du *Voyage*. Or, si j'ai lu de bons textes de Brasillach, comme *Notre avant-guerre*, ses portraits d'écrivains ou son *Histoire du cinéma*, j'ai lu aussi de très mauvais romans de lui. Chez Rebatet, grand ami de Truffaut au demeurant, il y a le meilleur et le pire sur le plan littéraire. On pourrait dire la même chose de bien d'autres. Bref, au nom du fameux mot de Gide, « on ne fait pas de littérature avec de bons sentiments », on semble laisser accroire qu'il suffirait d'être un salaud pour être un génie. C'est bien plus compliqué.

Le cas Céline est en effet le plus paralysant, compte tenu de son génie. Rares sont les écrivains comme Pasolini à se hasarder à une critique radicale. Dans une chronique peu connue de *D'un château l'autre*, publiée le 22 juillet 1973 dans *Il Tempo*, l'écrivain italien juge ce livre « odieux » parce que « ce qu'est Céline et ce qu'il pense est odieux ». Au fond, faut-il systématiquement dissocier l'homme de l'œuvre afin de ne pas être accusé de « niaiserie moralisatrice » ou s'exposer à l'accusation, telle que la formulait dès 1941 le journaliste collaborateur Lucien Combelle, d'être « médiocre » et excessivement « délicat » ?

J'ai du mal à vous répondre car je me sens moi-même ballotté. J'ai consacré un chapitre à la correspondance de Céline avec son éditeur Gaston Gallimard. Céline l'insulte et le menace, et pourtant Gallimard a continué à le publier, en connaissance de cause. Et je persiste à dire qu'il avait raison. Lorsque les éditions Gallimard ont commencé à publier, il y a trois ans, les inédits de Céline, dont le premier était *Guerre*, que j'avais trouvé passionnant, je l'avais inscrit au programme du *Masque et la plume,* où les critiques en ont dit beaucoup de bien. Or, je n'ai jamais reçu autant de courriers d'auditeurs me reprochant de consacrer, sur une radio du service public, une partie de mon émission à un écrivain notoirement antisémite. Je persiste pourtant à penser qu'il était juste et légitime de parler de *Guerre*. En revanche, s'ils avaient été réédités, je n'aurais pas donné une minute d'antenne aux pamphlets antisémites de Céline.

Du reste, Gallimard a finalement décidé de ne pas les publier en 2018, ce qui semble nuancer votre propos. Le « bon chic collabo » connaît des limites.

Voyez pourtant le débat qu'a suscité la réédition, en 2021, chez Fayard, de *Mein Kampf*. Beaucoup craignaient un engouement pour le manifeste raciste et antisémite de Hitler, et finalement cette publication a fait un flop. Je pense qu'interdire, empêcher, censurer n'est jamais une bonne solution. Il fallait publier *Mein Kampf*, dans cette édition critique précédée d'un avertissement au lecteur, pour permettre à l'esprit de se frotter à un texte pareil. Je cite volontiers l'essai, que je juge majeur, de Jean-Pierre Faye sur les *Langages totalitaires* : il montre bien que, si on relit les discours de Mussolini dès 1925 et de Hitler dès 1933, l'usage que font les deux dictateurs du mot « totalitarisme » annonce ce qui va se produire des années plus tard. Les mots, le pire qu'on puisse faire, c'est de les oublier ou de les effacer. Du reste, pourquoi, dans les années quatre-vingt, ces auteurs de la collaboration sont-ils revenus en force ? Parce qu'ils avaient été, sinon censurés, du moins mis en quarantaine.

Pour John Stuart Mill, le blâme est préférable à la censure.

Oui, et même dans le blâme, il y a des degrés. Ce n'est pas parce qu'ils ont tous fait preuve, au bas mot, d'un manque total de « délicatesse d'esprit » qu'ils sont tous à jeter dans le même sac. Ils n'ont pas les mêmes responsabilités. Il ne s'agit pas de faire une casuistique mais j'ai conscience de citer des écrivains qui ne sont nullement à juger de la même manière. Regardez le grand critique Ramon Fernandez. Il a basculé de la SFIO et du communisme au Parti populaire français (PPF) de Jacques Doriot pour devenir un écrivain collaborationniste et célébrer la grande Allemagne sur Radio-Paris et dans *La Gerbe*. Or, en pleine Occupation, le même Fernandez a glorifié « le juif Proust » et fait l'éloge funèbre d'Henri Bergson, ce qui lui valut d'être méchamment attaqué par Céline. Ce n'est pas un hasard s'il est mort devant la brasserie Lipp, en 1944, totalement alcoolique. Au fond, il ne se supportait plus et il s'est tué par la boisson. À l'inverse, Brasillach dénonce ses semblables, donne des adresses, demande aux Allemands d'envoyer en déportation les parents et les enfants. Fernandez porte l'uniforme du PPF mais il n'a rien de commun avec Brasillach, qui était fier de « coucher avec l'Allemagne » et s'en prenait aux juifs, ces « chimpanzés chapardeurs et lubriques ». Marcel Jouhandeau était aussi du voyage à Weimar et il a commis en 1937 *Le Péril juif*, pour autant on ne saurait le comparer à Brasillach. Prenons encore le ludion Jean Cocteau, qui signe un texte littérairement grotesque à la gloire du sculpteur nazi Arno Breker et fréquente jour et nuit l'ambassade d'Allemagne, mais finit par aller applaudir le général de Gaulle à l'Hôtel de Ville, le 25 août 1944… Comment voulez-vous les comparer les uns aux autres ?

Cocteau déclarait, du reste, à la fin de la guerre : « Je suis désespéré de mon effroyable enfantillage. » N'est-ce pas parfois le problème avec certains écrivains de cette époque ?

Précisément. Disons qu'il y a tout un dégradé depuis les pires écrivains collaborationnistes, comme Brasillach ou Rebatet, jusqu'aux écrivains résistants, en passant par cette littérature attentiste, pétainiste molle, ou ceux qui, défendant l'art pour l'art, s'accommodent bien d'avoir du papier pour leurs livres.

Cela nous conduit au cas de Sartre...

Sartre a non seulement fait croire à ses lecteurs que c'était courageux d'avoir fait jouer ses pièces sous l'Occupation, mais je lui en veux beaucoup d'avoir aussi stigmatisé dans *Situations* des écrivains, dont Jean Prévost, qui représentaient selon lui une littérature radicale-socialiste issue de la IIIe République, démodée et vouée à disparaître. Sartre jugeait avec hauteur toutes ces « intelligences modestes et honnêtes », comme il le disait de Guéhenno. C'est très parisien, cette façon confortable de mépriser des héros, qui sont morts pour leurs idées. Et c'est le même Sartre qui va ensuite nous expliquer que les vaches cubaines font plus de lait que les vaches capitalistes…

Sartre et d'autres auteurs d'extrême gauche ne subissent pourtant pas le même discrédit moral. Nous avons souvent en France une indignation à géométrie variable qui explique peut-être en réaction, chez certains, ce goût pour les réprouvés...

L'astre de Sartre a quand même sacrément pâli depuis sa mort.

Avant d'en venir aux véritables écrivains résistants, qui sont l'autre intérêt de votre livre, à quoi attribuez-vous aujourd'hui le succès de ces réprouvés ? Est-ce le style pamphlétaire de certains, nourri d'invectives, bref, la littérature de la haine, ou au contraire l'élégance surannée d'autres, plus pessimistes et désespérés ? Serait-ce aussi parce que d'aucuns portent certains thèmes actuels à la mode, comme l'anti-intellectualisme de *La NRF* de Drieu, ou bien le « virilisme » de Montherlant, Céline, etc., qui reprend le combat de Maurras contre l'esprit féminin du romantisme ?

Au fond, j'en doute. À l'exception de Céline, on aime bien citer ces auteurs mais on les relit peu. Qui se passionne vraiment, textes à l'appui, pour Jouhandeau ou Brasillach ? La réédition des *Décombres* de Rebatet n'a pas dû faire de grandes ventes, alors que les inédits de Céline ont eu un succès énorme. Au fond, le seul qu'on lise vraiment encore, c'est Céline. Mais ce n'est pas la question. Il faut pouvoir tous les lire si on en a le goût. J'adopte volontiers la position de Jean Paulhan dans sa *Lettre aux directeurs de la Résistance*. Il ne faut pas interdire.

Vous défendriez comme Paulhan un « droit à l'aberration de l'écrivain » ?

Oui. Je pense même qu'il ne fallait pas fusiller Brasillach, quelle que soit la qualité des arguments du général de Gaulle à son sujet. Ce dernier estimait qu'un « intellectuel n'est pas moins mais plus responsable que les autres. Il est un incitateur, il est un chef, au sens le plus fort ». Mais fusiller un écrivain, c'est prendre le risque d'en faire un martyr. Et interdire un texte, c'est lui donner une importance qu'il n'a pas. J'ai lu les écrits antisémites de Céline, c'est du délire, c'est une prose de malade, et cette folie le condamne davantage si on peut la lire. Donc, on ne doit pas l'interdire. Il y a un cas moins important que Céline mais qui me touche davantage, c'est Paul Morand, que je tiens sur le plan littéraire comme l'un des meilleurs stylistes français. Céline l'admirait, du reste, et disait que c'était le seul écrivain *jazzy* français. Chez Morand, il n'y a pas une phrase qui ne me donne un frisson. Et pourtant les trois volumes de la correspondance avec Chardonne me font vomir. Contrairement à Chardonne, qui a évolué, et modère son antisémitisme au fil du temps, Morand, lui, ne bouge pas. Il fait profession de racisme, d'antisémitisme, d'homophobie, et, jusqu'à son élection à l'Académie française en 1968, il reste un personnage moralement détestable. Or, le Tout-Paris littéraire s'est rendu chez lui, avenue Charles-Floquet, jusqu'à sa mort, en 1976. Et il y avait alors des gens de droite comme des gens de gauche, tous les critiques du *Masque et la plume* de l'époque, par exemple, qui allaient se prosterner devant le grand écrivain. Problème : c'était en effet un des plus brillants et singuliers écrivains, dont je jalouse les traits d'esprit fulgurants et les métaphores éblouissantes. Alors, comment voulez-vous que je sois clair sur cette question ?

Au fond, si je comprends bien, ce qui vous dérange le plus, c'est que cette mode du « bon chic collabo », comme vous dites, a tendance à occulter ceux qui ont eu le courage de résister. Mais, pourtant, on parle encore beaucoup de Mauriac ou de Camus.

Je pense moins à la résistance intellectuelle, celle de Mauriac, Camus, Paulhan, Guéhenno, qu'aux résistants armés, comme Jean Prévost ou Jacques Lusseyran, qui étaient totalement oubliés et que j'ai essayé de réhabiliter. Le seul qui a connu la gloire posthume, c'est Saint-Exupéry. Mais la mode du « bon chic collabo », c'était – et c'est encore – de prétendre que c'est un mauvais écrivain. Dans les années quatre-vingt, on ne compte plus les pamphlets parus pour railler Saint-Exupéry, « conteur pour maternelles », ou Albert Camus, « philosophe pour classes terminales ». Il arrive qu'on me dise : « Ton Jean Prévost n'arrive pas littérairement à la cheville de Céline. » Je ne dis pas le contraire. Mais ce que le jeune homme que j'étais au début des années quatre-vingt-dix n'acceptait pas, et n'accepte toujours pas, c'est l'oubli dont ces héros ont été l'objet. Lorsque j'ai publié *Pour Jean Prévost*, en 1994, pas un seul de ses quelque trente livres, dont l'admirable *La Création chez Stendhal*, n'avait encore été réédité. De même, quand j'ai voulu travailler à la résurrection de Jacques Lusseyran, ce résistant aveugle qui fut déporté à Buchenwald, personne ne savait qui il était et bien peu avaient lu de lui ce texte capital qu'est *Et la lumière fut*. C'est contre cette amnésie collective que j'ai écrit *Des mots et des actes*. Jean Guéhenno disait des gens de lettres que ce n'était pas « une des plus grandes espèces humaines ». On en a eu une belle preuve sous l'Occupation. Mais pour sauver l'honneur littéraire de la France, il y eut Prévost, Lusseyran, Decour, Char, Éluard, d'autres encore, et il ne faut pas les oublier.

Qu'est-ce qui a retenu votre attention à propos de Jean Prévost ?

Ce qui me plaît, c'est que c'est un écrivain et un homme selon mon goût. Il s'intéresse et se passionne pour tout, la politique, l'architecture, l'économie, le cinéma, la vie quotidienne, le sport. Son premier livre était *Plaisirs des sports*. Je me sens proche de Prévost car il déteste l'intellectuel en chambre. Il avait en outre un bon coup de poing – il avait cassé le pouce d'Hemingway lors d'un combat amical organisé dans la librairie parisienne de Sylvia Beach. Et c'était un amoureux de Stendhal, qui est mon écrivain de prédilection. Sa thèse, *La Création chez Stendhal*, n'était pas seulement une très belle lecture de l'auteur de *La Chartreuse*. Il montre aussi à quel point écrire engage une vie. Il soutient cette thèse à Lyon, et à peine les lauriers reçus, il devient le capitaine Goderville qui défend avec un courage inouï le maquis du Vercors que les Alliés ont abandonné. Le soir, une fois que la nuit est tombée, il écrit un petit texte sur Baudelaire à la lueur de la bougie, avec sa machine à écrire sur les genoux. Ce n'est pas seulement le courage physique que j'admire chez lui. Il a eu une vie complète et j'ai fait mienne sa devise : « Il faut défendre violemment des idées modérées. » N'est-ce pas d'une grande actualité ?

Il est mort à 43 ans, sans renoncer, comme le fusillé Jacques Decour, à sa germanophilie. S'il combattait l'Allemagne nazie, c'est parce qu'il aimait l'Allemagne de Goethe, Heine, Schiller.

Le cas de Jacques Lusseyran surprend, lui aussi. « Aucun sentiment bas, nulle révolte vaine », écrivez-vous dans *Le Voyant* (2). Ça change et rappelle que certains écrivains de cette époque ont pu conserver une véritable « grandeur d'âme », y compris dans la pire adversité.

En effet. J'ai une admiration folle pour Jacques Lusseyran. Il a connu à 8 ans la cécité totale. Malgré ce handicap, il a fondé à 17 ans le premier mouvement de résistance lycéen, les Volontaires de la liberté, qui allait intégrer ensuite le réseau de Philippe Viannay, Défense de la France. Il sera dénoncé et déporté à Buchenwald. Il va y traverser au sens propre la nuit et le brouillard. Il souffre dans cet univers concentrationnaire mais n'en perçoit que ce qu'il peut, avec l'ouïe et le toucher. Et, miracle, il va sortir vivant de cet enfer et écrire *Et la lumière fut*, qui deviendra un best-seller aux États-Unis après-guerre. J'ai souvenir du choc que j'ai eu lorsque j'ai lu pour la première fois cette traversée de Buchenwald par quelqu'un qui ne voit pas. On ne peut plus l'oublier. Mais ce n'est pas tout. Au retour des camps, Lusseyran demande à passer le concours de l'École normale supérieure pour devenir professeur. Et là on lui dit qu'il n'en a pas le droit car un décret de Vichy, signé Abel Bonnard, mais rédigé par Jérôme Carcopino, est toujours en vigueur et interdit aux handicapés de se présenter à un concours de la fonction publique. Tout héros qu'il est, et bien qu'ancien des camps de la mort, il ne peut se présenter à Normale Sup et doit partir aux États-Unis pour trouver un poste. Imaginez-vous que ce décret inique de Vichy ne sera abrogé qu'en 1959, quinze ans après la Libération ! Comment voulez-vous qu'après toutes ces injustices, on ne soit pas obsédé par cette période-là ?

1. Jérôme Garcin, *Des mots et des actes. Les belles-lettres sous l'Occupation*, Gallimard, 2024.
2. Jérôme Garcin, *Le Voyant*, Gallimard, 2014.

Le cas Céline

Michaël Ferrier

La popularité de Louis-Ferdinand Céline n'a sans doute jamais été aussi grande. La réapparition de quelque 6000 feuillets manuscrits inédits en 2021 a relancé une machine éditoriale et médiatique prenant appui sur un auteur dont la cote n'a cessé de croître depuis sa mort : en 2001 déjà, le manuscrit de *Voyage au bout de la nuit*, retrouvé alors qu'on le croyait lui aussi disparu, s'était vendu au prix record de 12,184 millions de francs (environ 2,7 millions d'euros), dépassant la valeur de la première édition de *Du côté de chez Swann*. Plus de vingt ans plus tard, Céline caracole en tête de gondole, chaque lettre ou autographe se vend au prix fort, les acteurs les plus renommés le lisent et le jouent (Fabrice Luchini, Denis Podalydès), *Guerre* est adapté au théâtre pendant plusieurs mois à guichets fermés et, bien que plusieurs réalisateurs de renom s'y soient déjà cassé les dents (Audiard, Autant-Lara, Fellini, Gance, Godard… (1)), Joann Sfar a acquis à son tour les droits d'adaptation de *Voyage au bout de la nuit* pour en faire un film. Enfin, les traductions se multiplient, comme au Japon, où vient de sortir un numéro spécial de *Limitrophe*, revue de l'université métropolitaine

Michaël Ferrier est écrivain et essayiste. Dernier ouvrage publié : *Notre ami l'atome* (écrits cinématographiques, en collaboration avec Kenichi Watanabe, Gallimard, 2021).
www.tokyo-time-table.com

de Tokyo, qui lui est entièrement consacré. Il semble que les fantasmes de Céline lui-même, exposés avec la verve et l'ironie qui le caractérisent dans *Féerie pour une autre fois*, soient devenus réalité : « Gloire à Ferdinand ! Achetez-le ! *Féerie* ! *Féerie* ! Gloire et milliards à Ferdinand ! (2) »

D'où vient cette gloire ? Dans un premier temps, elle semble inséparable du scandale qui l'accompagne, l'entrave et la renforce à la fois : avant celui des manuscrits retrouvés de 2021 (volés ? oubliés ? abandonnés ? confisqués ?), il y avait eu celui de 2011, année du cinquantenaire de sa mort, mais où Céline s'était vu exclure de la liste des célébrations nationales par le ministre de la Culture lui-même, puis en 2017, celui de l'annonce par Gallimard de la republication des pamphlets antisémites dans une édition critique, finalement abandonnée devant des réactions courroucées. Mais si la consécration de Céline est indéniablement en phase avec ce que Philippe Roussin nomme « le mauvais vent d'hiver maurrassien de l'époque » et un « contexte éditorial caractérisé depuis plusieurs années *[...]* par la reconstitution de ce que l'on appelait, dans les années trente, une "bibliothèque antisémite" : Rebatet, Maurras, Morand, Chardonne, Drieu... *[qui]* ont tous eu les honneurs de l'édition et recueilli une presse abondante » (3), est-elle uniquement réductible à cette actualité, qui semble malheureusement inépuisable ? Sans faire fi des polémiques ni se trouver enchaîné par elles, que peut trouver aujourd'hui un lecteur dans l'œuvre de Céline ?

Révélation et démolitions

Écrire un texte sur Céline revient souvent à mécontenter tout le monde. On n'a guère que des coups à y prendre. Pour ses détracteurs comme pour ses thuriféraires, la cause semble en effet entendue, cette interminable querelle ayant été assez bien résumée par Philippe Sollers :

> « Là-dessus, on n'en finit pas, le débat reprend chaque jour, et c'est normal. Peut-on avoir été un grand écrivain et un salaud ? Un écrivain considérable et un individu répugnant, traître, irresponsable, aveugle et sourd aux souffrances de ses semblables ? Mais aussi : peut-on être un type bien sous tous rapports et un écrivain exécrable ? Toutes ces questions (sauf la dernière, jamais posée) sont increvables, roulez journaux, magazines, colloques, thèses, sermons ! (4) »

Pour sortir de ce tourniquet abrutissant et comprendre les ressorts complexes de la gloire célinienne, il importe de revenir à l'œuvre elle-même, non pour « esthétiser » Céline ni en nier l'idéologie parfois mortifère (ce qui serait difficile tant elle est complaisamment répétée sur des centaines de pages, notamment dans les pamphlets), mais pour tenter de saisir ce qui s'y trame et le rend encore au XXIe siècle, malgré et à travers les esclandres qui y sont attachés, précieux et incontournable.

La première remarque qui me vient à l'esprit, c'est que sur de nombreux sujets qui nous occupent encore, Céline a des choses plutôt rugueuses à dire – et il les dit. Sur la colonisation (« officiers de la coloniale bien tassés d'apéritifs en apéritifs autour de la table du commandant », « on y parlait toujours du Gouverneur, le pivot de toutes les conversations, et puis des vols d'objets possibles et impossibles et enfin de la sexualité : les trois couleurs du drapeau colonial » : a-t-on déjà dit les choses plus crûment ?), sur le capitalisme à l'américaine (« cette trame compliquée de dollars, de fiançailles, de divorces, d'achats de robes et de bijoux »), sur « l'abomination d'être pauvre » (« presque tous les désirs du pauvre sont punis de prison » – que dirait-il aujourd'hui ?), sur la péremption du clivage gauche-droite au profit de celui qui opposerait le peuple aux élites (5), sans oublier le monde de l'édition, les tartuffes du monde des lettres et la rage médiatique, la complaisance du public ahuri, les fausses nouveautés, « conformes, adulés, médaillés d'or, célébrés *[...]* soi-disant révoltés, engagés, fracasseurs inouïs ! tonnerres nouveautistes !... » (6). Sur beaucoup d'autres sujets enfin, gravissimes comme la place fondamentale de la guerre dans l'histoire – dont il est un des écrivains les mieux informés et les plus éloquents –, jusqu'aux petites joies d'un ballet de mouettes et de voiliers au soleil couchant, Céline touche juste et va loin. La guerre et la mort comme seuls horizons, l'humanité comme un vaste aréopage de vanités grotesques, de prétentieuses futilités et de frivolités haineuses : la vérité que Céline nous livre sur nous-mêmes est tellement atroce qu'on peut très bien choisir de ne pas le lire et qu'il vaut sans doute mieux la faire éclater dans un grand rire sonore, comme il le fait souvent lui-même. S'il s'est fourvoyé dans un combat raciste et antisémite délirant, on ne peut pour autant lui dénier sur beaucoup d'autres thèmes une lucidité rarissime, portée de surcroît par une langue qui claque, magnifiquement ajustée à son propos. Si l'œuvre de Céline est toujours vivante, en dépit de ses erreurs et de ses errements, c'est parce qu'elle est également porteuse d'une formidable puissance de révélation.

Une deuxième remarque : Céline illustre parfaitement l'importance de la littérature dans un monde qui s'effondre. Ce point peut sembler paradoxal, tant le polémiste se sera efforcé toute sa vie de se mettre à l'écart des belles-lettres. Céline n'est pas un écrivain et ne croit pas à la littérature. Il n'aura de cesse de le dire et de le redire :

> « Écrivain me semble un titre vaniteux, verbal et ridicule. (7) »
> « Je ne suis pas un écrivain. Je suis tout ce qu'on voudra excepté un écrivain. (8) »
> « Dites-leur donc à vos lecteurs que je ne suis pas un écrivain, vous savez un de ceux qui esbroufent la jeunesse, qui regorgent d'idées, qui synthétisent, qui ont des *idéas* ! (9) »

On l'aura compris, le paradoxe n'est qu'apparent : ce que Céline refuse, c'est une certaine idée de la littérature, académique, « lettreuse », encombrée de grands principes et de messages moralisants, persuadée de son importance, boursouflée, pétrie d'elle-même. Tandis que beaucoup d'écrivains se donnent pour tâche d'exploiter et de pousser jusqu'à une certaine limite des procédés qui avaient été ébauchés par les romanciers de la génération précédente, ou de s'en distancier modérément, Céline a délibérément décidé de s'exprimer sur le mode d'une rupture avec la littérature et les écrivains installés pour en revenir à une relation plus directe de la réalité, stratégie littéraire qui fera sa gloire, à la fois douteuse et indiscutable. Vercors, Aragon, Claudel, Camus, Sartre… : sont ici visés quasi tous les auteurs de l'époque, les « profs », les « diarrhéiques », tous les tenants du roman à thèse et du roman à cycles (Romain Rolland et son roman-fleuve *Jean-Christophe* (1904-1912), Prix Nobel de littérature en 1915, Roger Martin du Gard et sa grande suite romanesque des *Thibault* (1922-1940), Nobel en 1937), les concurrents directs de Céline sur le marché littéraire et, à tout seigneur tout honneur, le premier d'entre eux, Marcel Proust, le seul écrivain vivant à être cité dans *Voyage au bout de la nuit*. Tous ces écrivains sont trop longs, trop lents, trop lourds : « Trois cents pages pour nous faire comprendre que Tutur encule Tatave c'est trop », cingle-t-il à propos de Proust (10).

Parmi les nombreuses cibles céliniennes, il faut citer Romain Rolland et Jules Romains, deux figures littéraires majeures de l'époque. Dans une de ses lettres, Céline les confond dans une appellation savoureuse et significative, « les deux Romains » (11) ! Il semble que la synonymie du patronyme de l'un et du prénom de l'autre soit pour lui le meilleur des commentaires : ne dit-elle pas admirablement le caractère à la fois conventionnel, répétitif et archaïque d'une forme romanesque gravée dans le marbre des belles-lettres ? À ce « roman romain », drapé dans ses effets de toge, à la fois antiquisant et sculptural, Céline oppose son style rapide, incisif et « viril ». Le classicisme, la sensibilité mesurée, une haute image de la civilisation, un humanisme de bon aloi, le sentiment de la transcendance toujours possible de l'homme lié, sur le plan du style, à une prose élégante et de bon goût ? Plus rien de tout cela n'existe chez Céline – et c'est pourquoi il sonne terriblement juste à notre époque.

Céline est un entrepreneur de démolitions, pour reprendre le titre d'un livre de Léon Bloy (1884), dont il fut un lecteur assidu. Le branle-bas de combat célinien, cette jubilation dans l'instable et le rééquilibrage permanent, on en trouve peut-être l'image la plus frappante dans l'« aérien entresol » du docteur Pretorius, à Baden-Baden, réduit en miettes par les bombardements et qui exerce sur le narrateur une fascination significative :

> « un étage, une maison en face, comme suspendu entre les colonnes de l'immeuble… en hamac… les étages au-dessus et dessous existent plus… soufflés !... en plus cet étage fait vitrine… vitrine de fleuriste… fleuriste, magasin suspendu… roses, hortensias, clématites… suspendu entre les colonnes en hamac… plus rien n'existe de cette maison que cet aérien entresol (12)… »

Le style de Céline partage avec les bombes cet idéal de déflagration et d'allègement : de la lourde pierre et de la brique épaisse faire une dentelle fleurie, fragile, suspendue, loin des ambitions marmoréennes par lesquelles se définit si souvent la « littérature ». Dans le carnage même, contre lequel on ne peut rien tant il correspond à la pente lourde de l'homme, saisir une ultime vibration, un souffle, les couleurs d'un bouquet suspendu au bord du désastre.

Georges Perec s'en souviendra, bien des années plus tard, lorsqu'il mettra en chantier son grand œuvre romanesque, *La Vie mode d'emploi*. Chez Céline ne subsistait que la parole de l'individu, seul et éructant au milieu des ruines. Au contraire, l'immeuble de la rue Simon-Crubellier où se situe le roman perecquien est un programme pour ainsi dire littéraire et immobilier qui ne vise rien de moins qu'à faire sortir la littérature française du « bout » où Céline l'avait conduite, à reconstruire quelque chose après l'immense déflagration dont l'auteur du *Voyage* s'était fait le sismographe, comme le montrent les reprises parodiques de *Voyage au bout de la nuit* et de *Mort à crédit* qui ouvrent le livre de Perec, dont une grande partie de la famille a disparu dans les camps de concentration nazis (13).

Entre connivence et confrontation

Enfin, la machine de guerre célinienne s'accompagne d'un déplacement du rapport de l'écrivain à son public – et c'est pourquoi il nous touche encore aujourd'hui. Il y a en effet une espèce de tentative désespérée, et magnifiquement réussie, dans les œuvres de Céline, de faire venir (ou revenir) à la lecture un vaste nombre de personnes pour lesquelles le livre n'est pas ou n'est plus un objet culturel de référence. Ce paradoxe d'une œuvre si entièrement et si virulemment tournée contre les prestiges de la « littérature », mais qui n'en draine pas moins chaque année de nouveaux lecteurs, issus parfois d'horizons très lointains, s'explique en grande partie par ce qui demeure l'un des tours de force les plus impressionnants de l'entreprise célinienne : traiter son lectorat à la manière d'un auditoire.

Chacun peut en faire l'expérience : quand vous lisez Céline, quelqu'un parle dans votre tête. Ce ton de conversation, de tête-à-tête, de discussion ou de dispute, il est au cœur de toute l'œuvre et utilise des procédés incroyablement variés pour se maintenir, s'étendre, se renouveler. Le rapport au lecteur très particulier qu'il met en place est rarement de confidence : il se situe bien plutôt du côté du débat, avec ses dérives multiples vers la harangue, l'imprécation, la prise à partie. Ce n'est jamais sur le modèle du tribun ou de l'orateur classique que ce discours s'organise, mais bien plutôt sur celui du chanteur de caf'conc', du « demi-cabot », comme on l'appelait aussi à l'époque, du meneur de revue ou de l'artiste de music-hall qui fait son numéro, on pourrait dire du « maître-chanteur ». C'est toute la puissance et la diversité du style de Céline, qui ne sont pas réductibles aux fameux points de suspension qui criblent le texte à partir de *Mort à crédit*.

« Lecteurs amis, moins amis, ennemis, Critiques ! (14) »… Céline recherche l'ambiance concrète du face-à-face, il annexe son lecteur, le force à comparaître, ou quelquefois renverse la situation, se met lui-même en position d'accusé, toujours en débatteur. Ce remue-ménage du texte, avec ces effets de fanfare et de brouhaha, qui masque parfois une grande tendresse ou une sensibilité exquise à la douceur et à la poésie de l'existence, crée une relation de communication souvent brûlante, parfois agaçante. Les signes constamment instillés dans le texte d'un langage de tréteaux créent les conditions pour que le lecteur se sente sommé de répondre ou invité à reprendre en chœur, entre la connivence et la confrontation.

Céline se situe alors délibérément à contre-courant de la vie littéraire des années trente : la majorité de ses contemporains désirait certes le rétablissement d'un contact avec le destinataire, mais plutôt en des termes moraux et sentimentaux. On en a un bel exemple avec la préface de Malraux au *Temps du mépris*, en 1935, qui rejette « le fanatisme de la différence » pour affirmer la « fertilité » des rapports entre l'individu et la collectivité, la fonction sociale de la littérature, l'« accord civilisateur entre le créateur et la masse ». Tandis que Malraux se targue de défendre « ce par quoi l'homme est homme, ce par quoi il se dépasse, crée, invente ou se conçoit » (15), Céline ne croit plus à cette conception très dix-neuviémiste (l'écrivain « phare de la pensée », guide et défenseur de l'humanité…) qui a accompagné les plus grands massacres du siècle. Malraux, superbe, écrit :

> « Mais on peut aimer que le sens du mot "art" soit *tenter de donner conscience à des hommes de la grandeur qu'ils ignorent en eux*. (16) »

Céline ne cesse, *a contrario*, de répéter que les hommes sont petits, mesquins, tous ou presque méprisables – lui y compris –, et que le sens du mot « art » (s'il en a encore un) est plutôt de le leur rappeler à chaque instant. Il semble ne vouloir leur donner conscience que de leur bassesse. Pourtant, il n'en estime pas moins essentiel de maintenir le contact avec ces (faux) frères d'infortune, de renouer à chaque livre le fil d'une relation ingrate, difficile mais précieuse entre toutes. Par un paradoxe sur lequel on n'a pas fini de réfléchir, c'est dans les écrits du plus radicalement pessimiste des écrivains du XXe siècle que se donnent aussi à lire le plus clairement les étonnants pouvoirs de la littérature. Kenzaburô Ôe, grand admirateur de Céline, parlait dans ses *Notes de Hiroshima* de « l'étrange pouvoir curateur » de l'art, qui ne guérit pas, ne console de rien, mais nous donne tout de même la force d'affronter le pire (17).

Contradictoire, ambigu, cas unique, Céline reste l'un des mieux placés pour comprendre notre époque, à nouveau prise dans la folie de la guerre qui monte, écartelée entre les professions de foi humanitaires et les grands discours bellicistes. Qu'on doive à nouveau le rappeler aujourd'hui montre à quel point le discours critique s'est appauvri, guère plus capable de penser la complexité qui fait la force troublante des grandes œuvres littéraires, ni de se mesurer à la liberté qui en émane.

1. Voir Émile Brami, *Louis-Ferdinand Céline et le cinéma*, éd. Écriture, 2020.
2. Louis-Ferdinand Céline, *Féerie pour une autre fois I* (1952), *Romans*, tome IV, Gallimard, coll. « Bibliothèque de la Pléiade », 1993, p. 109.
3. Philippe Roussin, « Déshonneur et patrie », revue en ligne *En attendant Nadeau*, 15 décembre 2021.
4. Philippe Sollers, « L'écrivain et la vie », *Le Monde des livres*, repris dans *La Guerre du goût*, Gallimard, 1994, p. 327.
5. Voir à ce sujet le début de *Voyage au bout de la nuit*, où Céline modernise la fameuse image de la galère utilisée par Molière dans *Les Fourberies de Scapin*: « on est tous assis sur une grande galère, on rame tous à tour de bras *[...]* On est en bas dans les cales à souffler de la gueule, puants, suintants des rouspignolles, et puis voilà! En haut sur le pont, au frais, il y a les maîtres et qui s'en font pas, avec des belles femmes roses et gonflées de parfums sur les genoux. »
6. Louis-Ferdinand Céline, *Entretiens avec le professeur Y* (1955), *Romans*, tome IV, *op. cit.*, p. 513.
7. Lettre à Ernst Bendz, 22 septembre 1948, *Cahier de l'Herne Céline*, Le Livre de poche, 1973, p. 145.
8. *Semaine du monde*, nº 89, 23 juillet 1954, propos recueillis par Madeleine Léger, *Cahiers Céline*, nº 1, Gallimard, p. 157.
9. « Entretien avec le professeur... Brissaud », *Bulletin du Club du meilleur livre*, octobre 1954, p. 160.
10. Lettre à Milton Hindus (1947), *L.-F. Céline tel que je l'ai vu*, Éd. de l'Herne, 1969, p. 142. Sur Proust et Céline, voir Michaël Ferrier, « "À côté de la plaque": comment les romanciers écrivent l'Histoire – une comparaison Proust-Céline », *Comment la fiction fait histoire. Emprunts, échanges, croisements*, textes réunis par Noriko Taguchi, Honoré Champion, 2015, p. 211-223.
11. Lettre à Combelle, in *L'Année Céline 1995*, Éditions du Lérot/Imec, p. 83.
12. Céline, *Nord*, in *Romans*, tome II, Gallimard, coll. « Bibliothèque de la Pléiade », 1974, p. 350.
13. Sur Céline et Perec, voir Michaël Ferrier: « Céline-Perec: le match du siècle. Poids lourd contre poids léger », *Pesanteur et féerie*, Société d'études céliniennes, 2001, p. 139-155, lisible en ligne: https://www.tokyo-time-table.com/celine-perec.
14. Préface de *Guignol's Band I* (1944).
15. Mot d'ordre de Jean-Richard Bloch au Congrès international des écrivains pour la défense de la culture, cité dans *Europe*, nº 151, 15 juillet 1935.
16. André Malraux, *Le Temps du mépris*, *Œuvres complètes*, tome I, Gallimard, 1989, p. 776-777.
17. Kenzaburô Ôe, *Notes de Hiroshima*, traduit du japonais par Dominique Palmé, Gallimard, 1996, p. 15.

Ombres et silences de Marguerite Duras

Claire Julliard

Telle une divinité préolympienne, Marguerite Duras pouvait méduser son interlocuteur. Non par son regard mais par la puissance de son verbe. Précis, ponctué de silences. Elle imposait ainsi aux autres son tempo, sa vision des choses. Dans le privé, elle était pourtant drôle, capable d'autodérision. « Marguerite riait de tout et de tous, et à l'occasion, d'elle-même », écrit Laure Adler (1), qui évoque à son propos des « croyances idéologiques variées ». C'est le moins que l'on puisse dire. La romancière fut de tous les courants de son siècle : colonialisme, maréchalisme, Résistance, communisme, antimilitarisme, gauchisme, féminisme. En vérité, une seule chose lui importait, son œuvre. Or, pour devenir un « grantécrivain », le talent ne suffit pas, il faut un coup de pouce du destin. Ce qu'elle donna en façonnant sa geste, avec d'incroyables omissions et des mensonges hardis auxquels elle finissait par croire. Ses biographes ont eu bien du mérite à se frayer un chemin dans la jungle de ces souvenirs recréés, fabulés ou occultés. D'autant qu'ils furent ses proches, ses amis intimes parfois, comme Alain Vircondelet. Pour ces durassiens, il est une période délicate, voire douloureuse, à évoquer. Une période qu'elle niait qu'elle reniait. Celle-ci concerne sa fonction d'agent actif de l'entreprise colonisatrice du pays, puis au service du régime de

Claire Julliard est journaliste littéraire et romancière. Dernier ouvrage publié : *Little Louis* (Le mot et le reste, 2020).

Vichy. Les thuriféraires de l'écrivaine peinent à l'imaginer dans ce rôle. Toutefois, de novembre 1938 à mai 1939, Marguerite Donnadieu, née en Indochine le 4 avril 1914, est auxiliaire au Service intercolonial d'information et de documentation puis au Comité de propagande de la banane française. Elle s'attelle alors, avec le futur résistant Philippe Roques, coauteur, à la rédaction de *L'Empire français*. Un essai enthousiaste à la gloire de la mission civilisatrice du pays. Ce livre qu'elle abjurera après-guerre paraît chez Gallimard en avril 1940. Après ces curieux débuts dans l'écriture, Marguerite, qui, il est vrai, n'a pas encore choisi son nom de plume, entame sa véritable carrière littéraire. Toutefois, elle peine à faire publier son premier roman. Ceci expliquant peut-être cela. Car, au mois d'août 1942, la jeune femme accepte un emploi salarié à la Commission de contrôle du papier d'édition. Sans doute ce poste stratégique au sein d'une officine pétainiste lui assurera-t-il ses entrées auprès des éditeurs récalcitrants. Car elle va s'y trouver au cœur du Tout-Paris littéraire. Duras, fonctionnaire de Vichy ? Robert Antelme, son époux depuis septembre 1939, l'a précédée dans cette voie. Après un passage à la préfecture de police, il est, dès mai 1941, attaché à l'information au cabinet du secrétaire d'État à la Production industrielle, Pierre Pucheu. Qu'il suivra au secrétariat d'État à l'Intérieur. On peut s'interroger sur le parcours pour le moins contrasté du futur auteur de *L'Espèce humaine*, du déporté. Difficile de juger les agissements des uns et des autres durant ces « temps déraisonnables ». D'autant qu'Antelme aurait joué double jeu. Face à l'ampleur de la répression des juifs, il aurait en effet dissimulé quelques noms des listes des personnes recherchées.

Comment Marguerite est-elle entrée à la Commission ? Elle refusait d'en parler, balayait la question d'un revers de la main, disait ne pas savoir comment elle avait atterri là. Jean Vallier, auteur d'une somme sur l'écrivaine (2), pense que, par ses nouvelles fonctions d'attaché de presse au secrétariat d'État à l'Information et à la Propagande (à partir de mai 1942), Robert Antelme a sans doute eu connaissance de la création de l'officine. Son entregent aura fait le reste.

Installée dans l'hôtel particulier du Cercle de la librairie, au 117, boulevard Saint-Germain, la Commission de contrôle du papier offre une nouvelle position sociale à Marguerite Antelme, qui y prend ses fonctions en juillet 1942. Elle y donne toute satisfaction, note encore Vallier. Lorsque le titulaire du titre de secrétaire se retire pour raisons de santé le 21 octobre de la même année, on propose à Marguerite d'assurer la coordination du service dont elle devient officiellement secrétaire le

25 janvier 1943. Placée sous le contrôle de l'occupant, la Commission répond à une situation de crise précise. La guerre a en effet eu pour conséquence l'arrêt presque total de l'importation du papier. Une grave pénurie s'en est suivie qui impose des choix drastiques. La Commission récupère, gère les stocks disponibles et les répartit entre les différents éditeurs. Une tâche pour laquelle Marguerite avait acquis une véritable passion (3). À l'évidence, tous les écrivains ne sont pas logés à la même enseigne. Ainsi, *Les Décombres*, pamphlet du collaborationniste Lucien Rebatet, est rapidement épuisé et aussitôt réimprimé sans égard pour le contingentement de papier. Pourtant, en cette année 1942, les circulaires restrictives se succèdent. Celle du 7 mars stipule : « Les éditeurs qui nous seraient signalés par la Propaganda Abteilung comme ne s'étant pas pliés à la discipline se verront rayés de la liste des bénéficiaires des distributions de papier. » Celle du 10 avril précise que « pour la zone occupée, la réglementation de la répartition du papier ne peut être discutée que pour les maisons qui soutiennent à 100 % les intérêts allemands ». Deux ministres, Paul Marion à l'Information et Jérôme Carcopino à l'Éducation nationale, veillent à la bonne exécution de ces directives.

Depuis l'instauration du régime de Vichy, les Allemands contrôlent toute la chaîne du livre ; de l'imprimerie à la distribution. Les ouvrages sont confisqués dans un certain nombre de bibliothèques. Préparée par la Propaganda Abteilung, la liste Bernhard de 1940 a répertorié 143 titres jugés indésirables par les nazis. Il s'agit d'auteurs allemands et français jugés anti-allemands comme Louis Aragon, André Malraux, Georges Duhamel. Le 27 août, un premier raid dans les librairies parisiennes aboutit à retirer 20 000 livres de la vente. Le 23 septembre, un nouveau raid vise 70 maisons d'édition. Onze d'entre elles sont fermées, 713 382 exemplaires sont saisis. Quelques éditeurs, Bernard Grasset en tête, se disent prêts à négocier pour permettre une reprise de leur activité. René Philippon, président du syndicat des éditeurs et du Cercle de la librairie, signe une convention d'autocensure.

Alors que la liste Bernhard était élaborée à Berlin, les fameuses « listes Otto », ainsi nommées en référence à l'ambassadeur du Reich à Paris, Otto Abetz, sont désormais établies avec la collaboration du syndicat des éditeurs français et des éditeurs eux-mêmes (4). La première, publiée en septembre 1940, comporte 1 060 titres, parmi lesquels des essais critiquant l'Allemagne, ainsi que des textes d'auteurs juifs, communistes ou opposants au nazisme. On y trouve, outre Malraux, Aragon et de Gaulle, Heinrich Heine, Thomas Mann, Stefan Zweig, Max Jacob,

Joseph Kessel, Sigmund Freud, Carl Gustav Jung, Julien Benda, Léon Blum, Karl Marx, Léon Trotski ou Daniel Guérin. La deuxième liste, du 8 juillet 1942, recense 1 170 titres « non désirables ». Des ouvrages jugés anti-allemands, des œuvres d'auteurs juifs, anglais ou polonais. La troisième, publiée le 10 mai 1943, est complétée en annexe par une liste de 739 « écrivains juifs de langue française ».

« Vous l'aurez votre papier »

À l'exception des éditions clandestines de Minuit, tout le secteur est sous la botte de l'occupant. La censure et l'aryanisation sont en marche. Calmann-Lévy est rebaptisé « Éditions Balzac », Ferenczi devient les « Éditions du livre moderne ». Dans ce contexte glaçant, Marguerite Antelme reçoit, classe et expédie les livres soumis à la Propagandastaffel, qui les soumet à son tour à Gerhard Heller, chargé de la politique littéraire en France. « Elle était dans les hauteurs et avait un rôle important », témoigne Lison Zuber, secrétaire de Marcel Rives, directeur du comité d'organisation des industries, arts et commerces du livre (5). « On la considérait très bien. Elle avait une prestance certaine, une facilité d'expression. Elle en jouait et elle régnait dans son petit domaine. » L'écrivaine prépare les réunions mensuelles des membres de la Commission. Laquelle, après avis d'un comité de lecture, décide du sort des nouvelles parutions. Claude Roy, qui deviendra son ami, se souvint de leur rencontre au Cercle de la librairie. Il voulait alors publier un recueil de poèmes.

> « Cette dame Donnadieu m'est apparue comme une toute petite bonne femme ravissante. Ça parle de quoi vos poèmes ? me demanda-t-elle. D'amour, lui dis-je timidement. Elle a éclaté de rire et m'a répondu : vous l'aurez votre papier. (6) »

Cette charmante anecdote, citée par tous ses biographes, tend à prouver que Marguerite pouvait se passer des décisions du comité de lecture de la Commission. Toutefois, Claude Roy, futur résistant, écrit alors dans *Je suis partout,* hebdomadaire emblématique de la collaboration, ce qui cautionne sérieusement sa candidature. Rien à faire, Marguerite est aux ordres. Elle prétendra avoir fait passer des œuvres de résistants. Mais aucun fait avéré ne vient corroborer ces dires.

Si la secrétaire de la Commission n'y est pas décisionnaire, elle peut néanmoins faire jouer ses relations. Elle recommande ainsi Ramon Fernandez. L'écrivain, père de l'académicien Dominique Fernandez, est alors un fervent partisan de la « révolution nationale ». Il collabore à *La Gerbe*, publication pro-hitlérienne. Avec sa seconde épouse, la galeriste Betty, il fréquente la brasserie Lipp, comme Marguerite et Robert. C'est grâce à Betty, sa nouvelle amie immortalisée dans *L'Amant*, que Marguerite trouve son appartement au 5, rue Saint-Benoît, où vivent les Fernandez. Elle y emménage avec Robert le 1er octobre 1942 (et y restera jusqu'à sa mort en 1996). Le couple est invité aux thés du dimanche des Fernandez, étant désormais leurs voisins du dessus. On y parle littérature avec Drieu la Rochelle ou Brasillach. Durant cette période, Marguerite travaille à parfaire son premier roman, *La Famille Taneran,* qui a été refusé chez Gallimard. Le livre paraît en avril 1943 chez Plon sous le titre *Les Impudents*. De l'aveu ultérieur de son auteure, ce texte, qu'elle juge mauvais, doit sa publication pendant la guerre au fait qu'elle faisait partie de la Commission du papier. Cependant, la romancière est née, elle a adopté le nom de plume de Duras. L'ouvrage n'est pas un succès mais il reçoit un accueil critique positif, notamment de Maurice Blanchot… et de Claude Roy.

Marguerite semble s'épanouir : « Beaucoup de ses amis trouvent que l'Occupation lui sied bien, qu'elle est d'une séduction sans pareille, écrit Alain Vircondelet, qu'elle porte des toilettes très élégantes, que ses bas sont de soie, que ses petits sacs de velours sont presque provocants. (7) » Il faut dire qu'en novembre 1942, elle a eu un véritable coup de foudre pour le séduisant Dionys Mascolo. Le jeune homme, qui effectue de petits travaux chez Gallimard, tire le diable par la queue. Il rencontre Marguerite au cours de démarches destinées à obtenir l'imprimatur de la Commission. Marguerite se lance à la conquête de ce garçon « beau comme un dieu » qui devient son amant. Elle le fait entrer au comité de lecture, qu'il considère avec lucidité comme « un comité de censure », au sein duquel « on ne pouvait pas publier ce qu'on voulait. On le savait » (8). Marguerite, Robert et Dionys, qui se retrouveront bientôt dans un même réseau de résistance, ont tous trois effectué le même retournement. « Nous avons vécu dans cette inconscience, cette insensibilité toute une partie de l'Occupation », constatera Dionys Mascolo (9). À la découverte des horreurs de l'Holocauste, Marguerite éprouvera une culpabilité rétrospective dont elle fera part jusque dans ses derniers entretiens.

Comment est-elle, avec Robert et Dionys, passée de cette collaboration à la Résistance ? L'explication qu'elle en donne est « forcément romanesque ». Au cours d'un entretien avec François Mitterrand, publié en 1986 dans *L'Autre Journal*, elle se souvient l'avoir vu pour la première fois lors d'une soirée chez elle rue Saint-Benoît. Il discute avec Mascolo et un autre :

> « Et tout à coup vous avez fumé et la pièce a été envahie par l'odeur des cigarettes anglaises. Il y avait trois ans que je n'avais pas senti cette odeur *[...]*. Le soir j'ai demandé à Mascolo si c'était bien ce que je pensais, Londres, il a dit qu'il ne savait pas. Je n'ai jamais eu d'explication sur l'origine de la cigarette anglaise. Mais j'ai compris ce soir-là que nous étions entrés dans la Résistance, que c'était fait. »

Une sorte de révélation, en somme. Dans un autre entretien, dans la revue *Lignes* (10), François Mitterrand date cette rencontre de son retour de Londres, en février 1944 ou début mars. Ce que confirme l'examen des déplacements de Mitterrand fourni par Pierre Péan (11). Toutefois, Jacques Bénet, le résistant ami de Robert, assure qu'il se serait planqué chez les Antelme au mois d'août 1943 et que Morland, nom de code du futur président, l'y aurait rejoint. Le couple pouvait être parti en vacances puisque Marguerite ne s'en rappelle pas. La transition vers la Résistance, qui donne lieu à plusieurs versions, est donc progressive. Fin 1943, Robert Antelme quitte le service de propagande du secrétariat général à l'Information. Marguerite, elle, quitte la Commission en janvier 1944. L'entrée dans la clandestinité, en septembre 1943, comme l'affirme Dionys Mascolo, ou en mars 1944, est sincère mais bien tardive. Rappelons qu'en janvier 1943, les Allemands ont capitulé à Stalingrad. La défaite du Führer devient inéluctable. Mussolini est destitué au mois de juillet. L'histoire a tourné. « On n'a pas été des héros, résume Duras. La Résistance est venue à nous parce qu'on était d'honnêtes gens. (12) »

Un jour, la romancière croise Ramon Fernandez dans l'escalier de leur immeuble et lui dit qu'ils ne pourront plus se voir. Il comprend ce que cela signifie. Les événements s'accélèrent. Robert est arrêté au printemps 1944. Au début du mois de juillet, à la grande stupeur des camarades de son réseau, Marguerite, de sa propre initiative, se rend au siège de la Gestapo, rue des Saussaies, pour solliciter un permis de colis. Elle y rencontre un certain Charles Delval, qui dit avoir arrêté son mari. Elle décide de le séduire. Ils se voient régulièrement au café, au restaurant. Il lui promet de venir en aide à Antelme. Une relation trouble s'instaure, une nouvelle zone d'ombre de Duras. Le gestapiste est fasciné par la beauté et la culture de la jeune femme. Ont-ils eu une liaison ? « J'ai failli franchir le Rubicon », confie-t-elle après une de leurs rencontres. Quoi qu'il en soit, Marguerite joue un jeu dangereux avec cet homme. Elle l'appelle Rabier dans *La Douleur*, l'un de ses livres les plus importants et qui se présente comme une confession. Elle s'y accuse d'avoir participé à une séance de torture contre lui et de l'avoir envoyé à la mort. Ses biographes ne croient pas à l'épisode de la torture. Là encore, il faut démêler l'écheveau de vérités et de mensonges savamment tressé par Marguerite Duras, l'ambiguë.

1. Laure Adler, *Marguerite Duras*, Gallimard, 1998.
2. Jean Vallier, *C'était Marguerite Duras*, tome I, Fayard, 2006.
3. *Idem*.
4. Liste Otto, article Wikipédia.
5. Laure Adler, *Marguerite Duras*, *op. cit.*
6. *Idem*.
7. Alain Vircondelet, *Marguerite à Duras*, Édition n° 1, 1998.
8. Laure Adler, *Marguerite Duras*, *op. cit.*
9. *Idem*.
10. « Autour de Robert Antelme », *Lignes*, n° 21, Éditions Hazan, janvier 1994.
11. Pierre Péan, *Une jeunesse française. François Mitterrand. 1934-1947*, Fayard, 1994.
12. In revue *Lignes*, *op. cit.*

Drieu et son double

Stéphane Guégan

Fasciste de la veille, Drieu la Rochelle (1893-1945) ne fut pas un nazi du lendemain (1). Le choix de la collaboration s'est imposé à lui, après juin 1940, sous le coup de la défaite, il n'en dévia pas de sa ligne pour autant, celle d'une Europe au-dessus des nations, anticapitaliste, anticommuniste, capable de tenir tête aux puissances aussi menaçantes que la Russie, les États-Unis et le Japon (2). Ceux qui le connaissent mal ignorent la précocité et la sincérité de ses positions. Après 1918, le héros décoré de Charleroi et de Verdun a plaidé la cause d'une nouvelle entité géopolitique, ainsi protégée, pensait-il, d'un nouveau conflit mondial, qui eût signé la mort de l'Europe. Drieu fut aussi de ceux qui tendirent la main à l'Allemagne vaincue, et son premier recueil de poésie, *Interrogation* (3), annonce le soutien qu'il apporterait bientôt à la Société des Nations et au briandisme de la réconciliation. La gauche républicaine, si elle n'avait failli, aurait pu rester sa famille ; rouvrons, par exemple, *Genève ou Moscou* (4), plein du souvenir de Victor Hugo en 1928 : « Il faut faire les États-Unis d'Europe, parce que c'est la seule façon de défendre l'Europe contre elle-même et contre les autres groupes humains. » L'européisme viscéral de Drieu ne fut pas le masque de son fascisme précoce, mais le fascisme le choix trompé, erroné, de ce désir d'Europe.

Stéphane Guégan est historien de l'art et conseiller scientifique auprès de la présidence du musée d'Orsay. Derniers ouvrages édités : *Album Charles Baudelaire* (Gallimard, 2024), *Manet* (Gallimard, Pop-art, 2025).

Depuis ses années de jeunesse, où il avait échoué à Sciences Po, une certitude le tenaillait : la « civilisation européenne », affaiblie par la dénatalité, prise dans l'étau d'empires hostiles et de la concurrence industrielle, était menacée d'extinction à brève échéance. Or de la survie de l'Europe dépendait la survie de la France qui, religion et culture, en avait été l'un des phares à partir du Moyen Âge. Nationalisme étroit et folie productiviste allaient montrer leur connivence en 1914-1918 : « Guerre fatalité du moderne », lance alors Drieu. Dix ans plus tard, le constat est terrible : « La guerre nous claquait dans les mains, nous nous étions battus pour rien ; rien de ce que nous avions voulu tuer était mort. Chaque patrie se retirait dans son coin laissant derrière elle un désert de rancunes et de haines. » La chance de cette union européenne, censée empêcher une nouvelle guerre, se trouverait-elle chez Mussolini et les socialistes à chemise noire ? Le Drieu des années vingt en doute. Le fascisme italien, trop nationaliste, semble inapte à ouvrir une troisième voie entre parlementarisme et totalitarisme. Se trouverait-elle chez Hitler ? Fin 1933, Drieu se rend à Berlin sur l'invitation d'un comité qui œuvre déjà au rapprochement franco-allemand. Car la propagande nazie est bien en place, et la ferveur de toute une jeunesse brune, confiante en elle, remue le voyageur (5). Que sa lucidité ait été mise à rude épreuve, il en témoigne lui-même à son retour, sur un ton exalté, dans *Vu*, avec de nettes réserves dans *La NRF* de mars 1934. C'est qu'il a lu, lui, *Mein Kampf*, et ne saurait adhérer à l'impérialisme raciste et revanchard qui en forme le socle.

Avec Doriot

L'espoir, cette drogue des rêveurs, n'en demeure pas moins que l'Allemagne de Hitler, en surmontant son utopie guerrière par réalisme, puisse combiner socialisme et capitalisme à distance égale du marxisme d'État et des démocraties ploutocrates. Quand paraît l'article de *La NRF* de mars 1934, Drieu est toujours sous le choc des soulèvements du 6 février et de la chute de Daladier. Les lecteurs de *Gilles* savent déjà quelle portée mythologique prendront bientôt ces journées insurrectionnelles. Sur le moment, avant donc que la fiction ne s'emballe, elles ne mettent pas fin aux hésitations de Drieu, mais l'éloignent de certains de ses amis, ces modérés qu'effraye sa volonté de fusionner des « éléments pris à droite et à gauche ». Sa propre difficulté à les harmoniser se reflète dès le titre de

Socialisme fasciste, qui paraît à la fin de l'année et stigmatise le statisme des démocraties à l'heure du big bang. L'équivoque du livre n'échappe pas à Julien Benda, qui souligne ce qu'a de conflictuel son nietzschéisme : en somme, le « culte de l'héroïsme se double *[...]* d'une réelle tendresse pour les humbles. Ce fasciste a le cœur socialiste. C'est là son drame ». Drieu y manifeste même sa compassion envers les juifs, « les êtres les plus abandonnés que j'aie rencontrés ».

Deux hommes vont jouer alors un rôle crucial et peser sur les choix de l'avenir. Le premier, c'est Otto Abetz, futur ténor de la censure et des spoliations sous l'Occupation. Pour l'heure, cet ancien professeur de dessin travaille au ralliement des intellectuels français à sa croisade, quitte à les duper au sujet du bellicisme de Hitler. En septembre 1935, à Nuremberg, Drieu et Abetz assistent ensemble au congrès du parti national-socialiste, qui inspire au premier des sentiments mêlés : « C'est merveilleux et terrible », écrit-il à l'une de ses maîtresses. La formule peint le dilemme de l'écrivain, et sa crainte du retour des orages d'acier. S'il fait alors un pas plus décidé vers le fascisme, il le doit moins aux nazis qu'à Doriot et à l'attrait qu'exercent sur lui et le personnage, croix de guerre, et le Parti populaire français, où il s'encarte en 1936, par défiance envers ces régimes trop autoritaires ou déjà dictatoriaux. Du reste, Drieu brisera dès janvier 1939 avec Doriot et ses recours aux financements étrangers. Les accords de Munich, que le chef du Parti populaire français approuva, et que Drieu stigmatisa publiquement, avaient préparé leur rupture. Au cours des mois qui précèdent la défaite traumatisante des Français, un patriotisme digne de l'an II ressaisit l'écrivain. On le voit exiger de Paulhan qu'il cesse de publier Aragon dans *La NRF*, en vertu de l'interdit qui frappe les communistes solidaires du pacte germano-soviétique. Vient juin 1940, vient le réveil de l'utopie européenne. De l'humiliation du pays, du naufrage de la IIIe République, il fallait « tirer quelque chose *[...]* pour la France », devait résumer Drieu en juin 1944 (6). Berlin, mal nécessaire, réussira-t-elle là où Genève a échoué ? Telle est la question essentielle.

Fin des illusions

Pour qui veut établir les responsabilités exactes de Drieu sous la botte, il importe de séparer l'action publique du registre privé, et de ne pas confondre la parole politique et la polyphonie de ses romans d'alors. Dans le premier cas, le *distinguo* porte sur le journalisme et le *Journal de guerre*, souvent haineux jusqu'au délire; dans le second cas, la fiction s'affirme comme le lieu, le seul peut-être, où l'écrivain engagé ait pu traduire les ambiguïtés de l'époque et ses contradictions de collaborateur vite désabusé. Des collabos, on le sait, il en exista plusieurs types: aucune vénalité, nul carriérisme ne détourna Drieu de son idéal. Et son antisémitisme fut essentiellement social et politique, racialiste plus souvent que raciste, malgré de déplorables dérapages du côté de l'anthropologie physique; sa sympathie pour le sionisme est entière, de même que sa fidélité aux nombreux juifs de son entourage, notamment sa première épouse, Colette Jéramec, arrachée de justesse à Drancy; elle tenta de le sauver quand l'histoire s'inversa. En février 1944, annonçant les thèses de Bernard Frank, Drieu confiait au *Journal*:

> « Les amis juifs que je gardais sont mis en prison ou sont en fuite. Je m'occupe d'eux et leur rends quelque service. Je ne vois aucune contradiction à cela. Ou plutôt – la contradiction des sentiments individuels et des idées générales est le principe même de toute humanité. On est humain dans la mesure où l'on fait entorse à ses dogmes. (7) »

De son propre aveu, Vichy compta sans lui, en dehors du Conseil du livre français (8), où son rôle reste à préciser, et du rapprochement entre le régime et les jeunes loups de la banque Worms, tel Pierre Pucheu. Plus spectateur qu'acteur, il ne se laisse pas happer par la révolution nationale et en rejette l'obsession moralisatrice. Sans refuser en bloc le maréchalisme, il a vite estimé que sa place était ailleurs, du côté de l'Institut allemand et du Groupe Collaboration, chapeauté par Abetz, du côté surtout des journaux de la zone occupée. *La Gerbe*, *Le Fait* ou *Révolution nationale*, que dirige son ami Lucien Combelle, n'usaient pas de périphrases, Drieu non plus, à l'endroit de ceux qu'ils accusaient d'entraver « la révolution socialiste européenne », c'est-à-dire « les juifs rancuniers, les vieux rogatons de la démocratie et de la maçonnerie » (9). Ses contributions à *Je suis partout* sont les plus dures, forme et fond, envers les juifs et les intellectuels, communistes ou maurrassiens (10). Mais le soutien de Drieu envers l'Allemagne devait vite s'altérer après le voyage de Weimar (fin 1941) et l'enlisement de l'opération Barbarossa. D'autres que lui, au soir du débarquement allié en Afrique du Nord, retournent leur veste, lui s'obstine et se réconcilie avec Doriot, façon de dissocier son fascisme de sa falsification nazie:

« Il n'y a pas à se cacher que les Français qui ont cherché du côté de l'Allemagne un appui pour redresser le pays s'étaient mal engagés », conclut-il dans le *Révolution nationale* du 9 octobre 1943.

Un homme à cheval

À cette date, il a aussi sabordé *La NRF.* Une rumeur infondée veut que Drieu en ait pris la direction, fin 1940, pour se venger des ennemis qu'il y comptait. Lui est aussi reproché qu'Abetz ait pesé sur la décision de Gaston Gallimard, libre toutefois de refuser, comme Drieu l'était. À rebours de ce qui s'écrit pour mieux l'accabler, l'avenir de la maison ne dépendait pas entièrement de la reparution de la revue phare. Ce qui en dépendait, pensaient Drieu et d'autres, François Mauriac compris, c'était la survie de « l'esprit français ». « Si la victoire et l'emprise allemandes doivent durer six mois, la tentative de Dr*[ieu]* est odieuse, écrit Paulhan en novembre 1940 *[...]* Si nous en avons pour cent ans, elle est au contraire ingénieuse, hardie, nécessaire. Or, Drieu croit, et a toujours cru, aux cent ans. » Le même Paulhan encouragea ses proches à y contribuer, de Marcel Jouhandeau, dont il avait déploré l'antisémitisme avant-guerre, à Albert Camus, étranger aux idées de Drieu. Ce dernier fit osciller *La NRF* entre propagande directe et autonomie certaine, ce qui lui valut d'être dénoncé par les ultras de la collaboration et de Vichy (11). Ouvrir ses premiers sommaires à Chardonne et Éluard, Montherlant et Gide, défendre Picasso contre Vlaminck, relevait d'un équilibrisme voué à l'échec. Drieu sut toutefois gagner la confiance d'une pléiade d'écrivains auprès de la jeune poésie (Audiberti, Guillevic, Robin), sa plus grande fierté à l'heure des bilans.

Un pied dans la politique, l'autre dans l'art sous l'Occupation, il aura ainsi revêtu une dualité que partagent les héros de ses derniers romans (12). La guerre civile, plus qu'un prétexte à faciles rebondissements, en forme le thème, écho immédiat à ce que vit le romancier, déchiré dans le patriotisme paradoxal que lui prêtait son ami Malraux. Paru chez Gallimard en mars 1943, *L'Homme à cheval* fut écrit au galop, d'avril à novembre 1942, pendant que Drieu voit s'effondrer les chances de l'Europe qu'il avait vainement prophétisée. La Bolivie en feu du XIXe siècle sert d'exutoire à son dépit et aux ambiguïtés mêmes de la collaboration, voire à celles, dira bientôt Sartre, de toute action en pays occupé. Il y avait plus d'audace à ramener ces problématiques à l'intérieur de la communauté nationale, et à fusionner le temps du roman et le temps de sa rédaction, c'est le premier mérite des *Chiens de paille*, imprimé peu avant la Libération de Paris, qui en bloqua la sortie. La censure allemande avait beaucoup tardé à l'autoriser en raison de son défaitisme et peut-être de la façon peu alignée dont y est posée « la question juive ». Fascistes, communistes, maréchalistes et gaullistes s'y heurtent sans toujours comprendre les forces qui agissent en eux ou les manipulent. Rien de binaire, tout est mouvant, comme la nature environnante. Comme l'Occupation, avant que le récit ne s'en fixe. Comme Drieu, qui se tua après d'ultimes confessions : « J'ai apporté l'intelligence française à l'ennemi. Ce n'est pas ma faute si cet ennemi n'a pas été intelligent. (13) »

1. La meilleure biographie de Drieu la Rochelle, car la plus informée, la plus nuancée et la mieux écrite, reste celle de Pierre Andreu et Frédéric Grover (Hachette, 1979). À compléter par les brillants essais de Maurizio Serra (*Les Frères séparés : Drieu la Rochelle, Aragon, Malraux face à l'Histoire*, La Table ronde, 2008) et Julien Hervier (*Drieu la Rochelle. Une histoire de désamours*, Gallimard, 2018), en plus du *Dictionnaire Drieu la Rochelle* que contient Drieu la Rochelle, *Drôle de voyage et autres romans*, édition établie par Stéphane Guégan, Julien Hervier et Frédéric Saenen, Bouquins, 2023.
2. Voir l'excellent essai de Thomas Gerber, *Drieu la Rochelle. L'Europe avant tout !*, La Nouvelle Librairie, 2022.
3. Pierre Drieu la Rochelle, *Interrogation*, Gallimard, 1917.
4. Pierre Drieu la Rochelle, *Genève ou Moscou*, Gallimard, 1928.
5. En juillet 1934, dans *Marianne*, journal de gauche, Emmanuel Berl, l'ami essentiel de Drieu, pouvait écrire que la jeune Allemagne, « malgré sa déraison, malgré son antisémitisme, ses folies et ses défauts multiples, éveille quand même plus de sympathie que les vieux présidents de vieux conseils d'administration des usines de guerre ».
6. Voir Julien Hervier, *Drieu la Rochelle. Une histoire de désamours*, Gallimard, 2018, p. 123 : « Pourtant j'ai eu des bouffées de passion démocratique. Sans quoi je n'aurais pas été collabo car je l'ai été avant tout pour tirer quelque chose des Allemands pour la France. »
7. Voir Drieu la Rochelle, *Journal. 1939-1945*, présenté et annoté par Julien Hervier, avertissement de Pierre Nora, Gallimard, 1992, p. 385. On y lit aussi, en date du 8 juin, deux jours après le débarquement : « J'aime les autres races d'ailleurs chez elles : j'aurais aimé sincèrement les juifs chez eux. Cela ferait un beau peuple. Je suis raciste pour toutes les races, mon internat*[ionalisme]* est fondé sur le culte des races. » Sur l'antisémitisme de Drieu, lire aussi la mise au point de Frédéric Saenen, *Drieu la Rochelle face à son œuvre*, Infolio, 2015, p. 150-157, l'auteur insistant notamment sur la notion d'enracinement, d'appartenance ethnique, que Drieu a valorisée, loin de la mystique nazie du sang pur. On se souvient aussi de la fusée de Bernard Frank (*La Panoplie littéraire*, Julliard, 1958) : « Drieu identifie les juifs à une certaine part de lui-même. »
8. Le 9 juin 1941, par décret du chef de l'État, est institué le Conseil du livre français. Il est en charge « de toutes les questions concernant l'orientation intellectuelle à donner à la production des livres, le développement de la lecture publique et la diffusion du livre français ». Voir Pascal Fouché, *L'Édition française sous l'Occupation*, Bibliothèque de littérature française contemporaine de l'université Paris 7, 1987, tome I, p. 106.
9. *Le Fait*, 23 novembre 1940.
10. Voir ce qu'en dit Jacques Cantier, *Pierre Drieu la Rochelle*, Perrin, 2011, p. 200-202.
11. Voir Alban Cerisier, *Une histoire de* La NRF, Gallimard, 2009, p. 407-452.
12. Stéphane Guégan, « Drieu, politique du roman », *Commentaire*, 182, été 2023, p. 444-449.
13. Quant au suicide de Drieu, Jean-Marie Rouart, *Ils ont choisi la nuit*, Grasset, 1984.

Les trains de la honte

Eryck de Rubercy

Haut fait de la collaboration durant la Seconde Guerre mondiale, le voyage à Weimar en 1941 de sept écrivains français invités par Joseph Goebbels, instigateur du grand autodafé de livres du 10 mai 1933, constitue la plus navrante et déshonorante compromission des élites littéraires françaises avec l'occupant. Ministre de l'Éducation du peuple et de la Propagande du Reich, il les avait conviés à effectuer, tous frais payés, un séjour d'un peu moins d'un mois en Allemagne, présenté comme un voyage d'études. Il pensait qu'à leur retour au pays, ils seraient les meilleurs thuriféraires de l'ordre nouveau, ce en quoi il ne fut pas déçu. Le prétexte en était un congrès européen d'une trentaine d'écrivains organisé dans le cadre d'une « Semaine du livre de guerre allemand » à Weimar, la ville de Goethe et de Schiller, à proximité de laquelle se trouvait le camp de concentration de Buchenwald. Accepter cette invitation signifiait évidemment adhérer à la politique de collaboration.

Eryck de Rubercy est essayiste, critique et traducteur. Dernier ouvrage publié : *L'Univers des arbres* (Bouquins, 2024).

Les premiers à partir vers l'Allemagne nazie, le 4 octobre 1941, chaperonnés par le lieutenant Gerhard Heller, responsable de la surveillance de la littérature française au sein de la Propagandastaffel de Paris, sont le doriotiste Ramon Fernandez, le collaborateur Jacques Chardonne et l'antisémite Marcel Jouhandeau, auteur, dès 1937, d'une brochure parue sous le titre *Le Péril juif* chez Fernand Sorlot, promoteur d'Adolf Hitler. D'abord touristes, ils sont conduits, avant Weimar, terme de leur voyage, à travers le pays, visitant plusieurs villes, Bonn, Francfort, Heidelberg, Fribourg, Constance, Munich, Cologne, Hambourg, Leipzig, Vienne. Et puis, Berlin, où ils ont l'occasion de s'entretenir avec le Dr Goebbels et de voir le bureau du Führer, alors absent. Malgré tout, ils avaient refusé de passer à Strasbourg, symbole douloureux de l'humiliation de la patrie.

Les rejoignent à Weimar, le 23 octobre : le pronazi Pierre Drieu la Rochelle, directeur de *La Nouvelle Revue française*, Robert Brasillach, rédacteur en chef de l'hebdomadaire collaborationniste *Je suis partout*, Abel Bonnard, membre de l'Académie française, et André Fraigneau, représentant les éditions Grasset. Soit sept écrivains de renom qui forment la délégation de loin la plus nombreuse des quatorze nations étrangères. Celle qui participera au même congrès, à Weimar, en octobre 1942, se composera une seconde fois de Chardonne, de Drieu la Rochelle et de Fraigneau, auxquels s'ajouteront André Thérive et Georges Blond.

En attendant, c'est le 24 octobre qu'est déclarée ouverte l'édition de 1941, dont l'événement marquant est la fondation d'une association des écrivains européens. Son but était de contrecarrer l'influence du Pen Club international, non sans revendiquer la figure emblématique de Goethe.

Et tandis que les trois premiers invités français regagnaient Paris, leurs quatre collègues poursuivaient leur séjour et visitaient l'atelier d'Arno Breker, sculpteur des monumentaux athlètes dont s'était orné le stade olympique des Jeux de Berlin en 1936, avant d'assister dans la capitale du Reich à une représentation du *Faust* de Goethe.

Mais, en cette fin de l'année 1941, avant même que Drieu, Brasillach et Bonnard soient revenus en France, une autre délégation composée d'artistes, non plus d'écrivains, partait à son tour pour un séjour de deux semaines outre-Rhin. Parmi eux des peintres, André Derain, Maurice de Vlaminck, Cornelis Van Dongen, Othon Friesz, Roland Oudot, Raymond Legueult et André Dunoyer de Segonzac, et aussi des sculpteurs, Henri Bouchard, Louis-Aimé Lejeune, Paul Belmondo, Charles Despiau et Paul Landowski, directeur de l'École nationale supérieure des beaux-arts. Comme les écrivains, ces artistes, moins célèbres pour leur engagement politique que pour leur talent, avaient accepté de visiter les sites emblématiques de la culture allemande et de servir ainsi la propagande nazie, pour des raisons diverses : croyance qu'ils pourraient permettre la libération de prisonniers, attente des faveurs de l'occupant, vanité de représenter l'« art français ». À leur retour, leur récupération par la presse collaborationniste française ne laissait aucun doute sur la nature de l'opération de séduction engagée par le vainqueur. Mais sur ces douze participants au voyage, seuls Bouchard et Dunoyer de Segonzac confiaient aux journalistes leur enthousiasme. Despiau, lui, allait signer, quelque temps plus tard, la monographie du sculpteur officiel Arno Breker, publiée à l'occasion de sa grande exposition parisienne à l'Orangerie des Tuileries de mai à juillet 1942. Les autres avaient préféré se taire.

Et puis, dès la fin novembre 1941, sous prétexte cette fois de célébrer le cent cinquantième anniversaire de la mort de Mozart, vint le tour des musiciens. Plusieurs compositeurs réputés, dont Florent Schmitt et Marcel Delannoy, tout comme le directeur de l'Opéra de Paris, Jacques Rouché, et le critique musical Lucien Rebatet, alias François Vinneuil, chantre de la collaboration, sont pendant une semaine les invités des « fêtes de Mozart », à Vienne.

Enfin, quelques mois plus tard, le 18 mars 1942, quatrième et dernier voyage, à l'occasion de la sortie en Allemagne du film *Premier Rendez-vous,* d'Henri Decoin, produit par la société française à capitaux allemands Continental Films. Six acteurs français, Danielle Darrieux, Viviane Romance, Junie Astor, Suzy Delair, Albert Préjean et René Dary, partent pour un périple de douze jours en Allemagne et en Autriche (Berlin, Vienne, Munich). Si aucun d'eux n'avait pris la mesure de l'impact politique de ce voyage à Berlin, les sourires de façade immortalisés par les photographes en gare de l'Est ne racontent pas toute la vérité. Car, sans rien justifier ni excuser, Junie Astor avait d'abord choisi de se désister, mais les autorités allemandes menaçaient de fermer les trois salles de cinéma dont elle était propriétaire. Viviane Romance se trouvait dans une position délicate : sa grand-mère maternelle étant polonaise, la rumeur courait qu'elle était juive. En revanche, le sourire de Suzy Delair n'avait rien de feint et Danielle Darrieux affirmera n'avoir participé à ce voyage que pour sauver son amant, l'ambassadeur de la République dominicaine en France, emprisonné en Allemagne, qu'elle épousera après avoir obtenu sa libération en octobre 1942… à Vichy.

Tous ces voyages prouvent, en tout cas, qu'en ces années 1941-1942 une offensive de charme en direction des milieux culturels, et à travers eux du public français, avait été planifiée en haut lieu. Aucun ne fit cependant couler autant d'encre que celui des écrivains, qui payeront chacun leur écot par des articles emphatiques tout à fait conformes à l'attente de leurs mentors : Robert Brasillach avec « J'ai parlé à Berlin aux ouvriers français » dans *Je suis partout*, Ramon Fernandez avec « Ce que je viens de voir en Allemagne » dans *Paris-Soir*, Jacques Chardonne avec « Voir l'Allemagne » dans *La Gerbe*, André Fraigneau dans *Comœdia* et *Je suis partout*, l'académicien Abel Bonnard avec « Impressions d'Allemagne » dans *L'Émancipation nationale*, et Marcel Jouhandeau avec un « Témoignage complaisant » ainsi que Drieu la Rochelle avec « L'Allemagne européenne », tous deux dans *La NRF*, sans compter les conférences et les interviews que tous donnèrent.

Cela dit, l'enthousiasme des écrivains français revenus d'Allemagne provoqua tout de même quelques remous. C'est ainsi que, dès le 16 décembre 1941, le quarantième numéro de *L'Université libre*, hebdomadaire ronéotypé de quatre pages, animé par trois intellectuels résistants, membres du Parti communiste, le jeune physicien Jacques Solomon, le philosophe Georges Politzer et le professeur d'allemand et écrivain Jacques Decour, publie une lettre ouverte « à MM. Bonnard, Fernandez, Chardonne, Brasillach, etc., anciens écrivains français », en faisant référence au philosophe allemand de la liberté, Johann Gottlieb Fichte, qui, dans Berlin occupé par les troupes napoléoniennes, s'était élevé contre les écrivains de son pays prêts à travailler pour l'ennemi. D'entrée de jeu, la lettre le cite :

> « Nous sommes vaincus, disait Fichte, mais il dépend de nous de ne pas perdre encore notre honneur. Il s'agit maintenant de mener la lutte sur le plan spirituel. Donnons aux Français le spectacle de notre fidélité à la patrie et à nos amis. Ne leur donnons pas l'occasion de nous mépriser. »

Puis la lettre s'adresse directement aux sept écrivains :

> « Honneur, fidélité, patrie : pourquoi faire sonner à vos oreilles des mots dont le sens vous échappe ? Vous saviez, en partant pour l'Allemagne, exactement ce que vous faisiez. Vous saviez que l'Allemagne hitlérienne poursuit l'anéantissement de la culture française, que sa police jette en prison les écrivains suspects de patriotisme… Au reste, votre mission dans ce voyage, n'était que de simple figuration. Plus précisément, vous avez servi de masque. »

Finalement arrêtés en février 1942 par la police française et livrés aux Allemands, les auteurs de ce texte, dont l'argumentation le dispute à la vigueur de l'indignation et à la lucidité de l'analyse, seront fusillés au Mont-Valérien en mai 1942.

Mais alors pourquoi Céline ne fut-il pas du voyage ? interroge François Dufay, qui, dans *Le Voyage d'automne* (1), a retracé l'itinéraire de ces écrivains français partis en octobre 1941 en Allemagne. Il répond : « Trop incontrôlable sans doute, même pour les nazis. » Céline fut seul, en effet, à estimer que les collaborateurs n'allaient pas assez loin. À Pierre Costantini, éditeur du journal collaborationniste *L'Appel*, il écrivait, le 4 décembre 1941 :

« De tous les écrivains français revenus récemment d'Allemagne, un seul nous a-t-il donné quelques impressions sur le problème juif en Allemagne en 1941 ?… Ils ont tous ergoté, tergiversé autour du pot. *[...]* Au fond, il n'y a que le chancelier Hitler pour parler des juifs. (2) »

Reste qu'après la guerre, comme on l'imagine, les sept écrivains collaborateurs, à qui l'on ne manquait pas de reprocher leur voyage, eurent à rendre des comptes, à l'exception de Fernandez, qui meurt d'une embolie trois semaines avant la libération de Paris. Et bien que cela n'ait pas directement à voir avec l'épisode du voyage à Weimar, Brasillach, qui avait appelé maintes fois dans *Je suis partout* aux massacres des juifs ou des communistes, est fusillé le 6 février 1945, avant que Drieu la Rochelle ne réussisse le mois suivant sa troisième tentative de suicide. Quant à Bonnard, l'un des derniers partisans du régime de Vichy, il prend la fuite à Sigmaringen, puis en Espagne franquiste. Chardonne, qui ne reconnut jamais l'erreur de ses deux voyages en Allemagne, motif de son arrestation à Jarnac en 1944, bénéficia finalement d'un non-lieu en 1946 grâce à l'engagement de son fils dans la Résistance. Cependant, il n'évite pas la mise à l'index du Comité national des écrivains, tout comme André Fraigneau. En revanche, Marcel Jouhandeau, un temps inquiété par des interrogatoires, en sera quitte pour la peur en étant aidé par Jean Paulhan à rassembler des témoignages en sa faveur et en alléguant n'avoir répondu à l'invitation que pour les seuls beaux yeux du lieutenant Heller. Il racontera, en effet, anonymement en 1949 leur épisode amoureux dans un opuscule, *Le Voyage secret,* au cours duquel il rencontrera, se joignant au groupe en service commandé, un autre séduisant garçon, Hans Baumann, auteur et compositeur de chansons pour les Jeunesses hitlériennes… Une version épurée de son *Journal sous l'Occupation* paraîtra finalement chez Gallimard en 1980 à titre posthume.

Lorsque Thomas Mann s'adressa à la radio aux auditeurs allemands en août 1942, il qualifia le congrès d'écrivains de Weimar de « farce absolument macabre » et ses participants de « laquais littéraires de la collaboration » (3). Ils avaient tous commis la grave erreur de croire que la survie de la France passait par cette dernière.

1. François Dufay, *Le Voyage d'automne*, Perrin, 2008.
2. Louis-Ferdinand Céline, *Lettres (1907-1961)*, édition d'Henri Godard et Jean-Paul Louis, Gallimard, 2009, p. 665-666.
3. Thomas Mann, *Appels aux Allemands*, traduit par Pierre Jundt, Les Belles Lettres, 2024, p. 116.

Du consentement à l'asservissement

Olivier Cariguel

Sitôt la convention d'armistice signée le 22 juin 1940 entre la France et l'Allemagne, une bonne part des futurs écrivains collaborateurs acceptaient de se démettre face à l'occupant. « La Gueuse », la IIIe République, venait de tomber pendant l'été. Persuadés que l'Angleterre plierait rapidement, que la guerre serait finie, ils applaudissaient à tout rompre avant de « se faire des agents de Goebbels » (1). Outre leurs convictions personnelles, confortées par une analyse géopolitique, les conditions inédites dans lesquelles ils allaient être amenés à continuer leur activité d'écrivain ne leur ont pas posé de cas de conscience pour deux raisons supplémentaires. L'instauration de régimes de censure, l'un allemand en zone occupée, l'autre vichyste en zone non occupée, surnommée la « zone nono » jusqu'à son invasion après le 11 novembre 1942, s'est effectuée dans un cadre familier de restrictions de la liberté d'expression. Depuis le 28 août 1939, en vertu d'un décret du gouvernement d'Édouard Daladier, les imprimés, dessins ou écrits de toute nature destinés à la publication étaient soumis au contrôle préventif du service général de l'information, qui avait le droit d'interdire

Olivier Cariguel est historien, spécialiste de l'édition et des revues littéraires du XXe siècle à nos jours. Dernier ouvrage édité : Maurice Garçon, *Huysmans à Ligugé* (Du Lérot, 2019).
ocariguel@yahoo.fr

leur publication. Fin septembre 1939, les réimpressions de livres passaient à leur tour sous le visa des censeurs (2). Pendant la « drôle de guerre », les articles de journaux étaient émaillés de passages en blanc, indiqués « censuré ». Quand la France s'effondre, écrivains et journalistes étaient accoutumés aux coups de ciseaux d'Anastasie, le personnage allégorique de la censure en France inventé par André Gill en 1874, très prisé par les caricaturistes. La contestation de la censure appartient au passé. Dans ce contexte, publier sous la dictée (et surtout avec le papier et l'argent) du régime de Vichy ou des vainqueurs sert deux idéologies : la « révolution nationale » portée par « l'État français » du maréchal Pétain et la collaboration au sein d'une Europe pangermanique. Cet assujettissement a été qualifié de « mise au pas » de la littérature, du théâtre, des arts plastiques et de la musique (3). Pour poursuivre sa guerre culturelle dans les domaines de la création littéraire et artistique, l'Allemagne hitlérienne avait mis en place un système d'encadrement de la pensée et de promotion de livres zélés que les écrivains collaborateurs adoptèrent « avec la toute-puissance de leurs idées et de leur style », écrira le général de Gaulle (4).

L'impossible décompte des écrivains collaborateurs

Quatre-vingts ans plus tard, la première question qui se pose est celle du nombre. Combien étaient-ils, ces écrivains « Kollaborateurs », selon l'orthographe utilisée par *Les Lettres françaises* clandestines ? Donner un décompte chiffré n'a guère de sens puisque cela suppose de définir les contours du collaborationnisme littéraire, des exemples les plus évidents (les ultras) aux cas limites, subtils ou litigieux, sujet de débats vifs à la Libération, et de mesurer ensuite le degré d'influence de l'écrivain ou la réception de ses écrits, qu'il soit connu ou pas, voire écrivain du dimanche. Deux sources d'époque se rejoignent autour d'une estimation vague, sur un ton de déploration. D'abord, une grande voix à l'épicentre du microcosme de la collaboration parisienne : « Presque toute l'intelligence française est contre nous, tout le lyrisme français est contre nous », constatait en décembre 1942 l'amer Pierre Drieu la Rochelle dans sa chronique « La fin des haricots » au sommaire de *La Nouvelle Revue française* (5), dont la direction lui avait été confiée à l'automne 1940 sous la pression allemande. La revue de Jacques Rivière et Jean Paulhan était un relais d'influence. « Sur le plan de la propagande, elle représente la seule publication qui s'adresse aussi bien aux intellectuels qu'aux couches plus larges du peuple » (6), raconta le lieutenant Gerhard Heller, affecté à la censure parisienne. *La NRF* était dans le viseur vert-de-gris avant l'invasion de la France, avec l'espoir d'entraîner dans la collaboration de grands noms, par-delà le petit milieu des gens de lettres et de l'édition. L'aveu de Drieu date la défaite de la littérature de collaboration, qui suscite un rejet massif de la part du milieu et du public.

L'Émancipation nationale, l'hebdomadaire du Parti populaire français de Jacques Doriot, l'une des hautes figures politiques de la collaboration, dont Drieu était proche, livra une estimation équivalente, tout aussi approximative : « Les neuf dixièmes » de l'intelligence française (7). Combien de plumes alors pour le reliquat d'un dixième ? Force est de constater que ces évaluations sont données au doigt mouillé, en l'absence d'un décompte bien compliqué à établir à chaud. Où commence, où s'arrête la collaboration ? Une troisième source sera plus précise, à l'heure des comptes, propice aux règlements, avec les preuves en main. Trois « listes des écrivains indésirables » sont édictées fin 1944 par le Comité national des écrivains (CNE). Elles aboutissent à un total de 157 noms, selon la troisième, incluant toutefois des journalistes. Elles seront actualisées en 1945 et 1946, après de nouvelles suppressions de noms. Moins connues sont les listes noires dressées par les associations d'auteurs anciennes comme la Société des gens de lettres (SGDL), créée en 1837, et la section française du Pen Club international fondé en 1921. Un point commun regroupe ces tableaux d'honneur infamants : leur volatilité sur fond de polémiques et de dissensions entre les membres du CNE en désaccord sur la méthode et les contours exacts du collaborationnisme. Les fusillés de l'hiver 1944-1945, le journaliste essayiste Georges Suarez, l'écrivain officier de marine Paul Chack et Robert Brasillach, sont dans toutes les mémoires.

Le papier, la matière première clé

L'un des objectifs des nazis en France consistait à établir un sentiment de normalité afin d'apaiser les sentiments de la population à son égard. La vie culturelle ne devait donc pas être muselée ni étouffée. Les écrivains qui « ont aidé, soutenu ou encouragé par leurs écrits, par leurs actes ou par leur influence la propagande et l'oppression hitlériennes » (8) avaient opté pour l'asservissement. Ils œuvraient sous la surveillance et la bienveillance de décisionnaires attribuant papier, visas de censure, ou des fonds pour éditer des journaux largement stipendiés ou entrer discrètement au capital de maisons d'édition. À Paris, où est concentrée l'édition, plusieurs organes de contrôle se disputaient le pouvoir de censurer et d'influencer. Au quotidien, à quels obstacles étaient confrontés l'écrivain et son éditeur ? En zone occupée, deux services distincts sont chargés « en même temps, et parfois sans cohérence, de régenter l'édition française : la Propaganda-Abteilung Frankreich, qui dépend du commandement militaire, et l'ambassade d'Allemagne » (9), elle-même sous la tutelle d'un Institut allemand, dirigé par Karl Epting. Cet Institut doté de nombreuses filiales en province (occupée) poursuivait une multitude d'activités : représentations théâtrales, concerts, expositions, conférences, cours de langue, programme de traductions de livres allemands, création d'une bibliothèque de 25 000 titres en consultation. La Propaganda-Abteilung dispose de services régionaux, ou Staffeln. Celui de Paris, le service littéraire (Gruppe Schrifttum), dont dépend l'édition, est dirigé depuis la fin 1940 par Gerhard Heller, « le plus amical et le plus compréhensif des interlocuteurs », qui réussit à ne jamais prêter serment à Hitler (10). Il sera en butte à ses homologues de l'ambassade, connaisseurs de la France ou nazis francophiles depuis les années trente comme l'ambassadeur Otto Abetz, autre interlocuteur privilégié des écrivains collaborateurs en quête de mondanités. L'un des moyens de pression des Allemands est « le problème crucial du papier ». Un sujet méconnu et complexe. En cette période de pénurie, ils se rendent compte qu'il n'existe aucune réglementation en la matière. Heller va « clarifier » le sujet, d'autant que l'accord de censure conclu avec les éditeurs stipulait leur engagement à ne rien publier qui puisse nuire aux intérêts allemands. Cet accord permettait aux éditeurs de « jouir d'une certaine liberté de production » qui donne lieu à la diffusion de « beaucoup de littérature inutile », regrette le même Heller début 1941. Des échanges intenses sont menés entre le Syndicat des éditeurs français, dont le représentant saisit le maréchal Pétain, le Comité d'organisation du livre instauré par le régime de Vichy, la commission de contrôle du papier d'édition, les services allemands. Finalement, la Propaganda va être chargée, pour la zone nord, de donner un numéro d'autorisation préalable délivré à toute publication. C'est une façon de censurer les livres en modifiant à sa guise, en fonction du contenu du manuscrit qui est soumis, l'attribution de papier à tel ou tel éditeur. Si un manuscrit déplaît, la répartition du papier disponible lui est défavorable (11). Cette organisation établie à la mi-1942 laisse le champ libre aux collaborateurs les plus motivés.

D'un côté, un appareil de contraintes est conçu, et de l'autre, des actions de soutien sont lancées pour implanter en librairie et dans les bibliothèques les auteurs collaborationnistes. En 1941, la Propaganda-Abteilung établit une « liste de la littérature à promouvoir » comprenant 189 ouvrages, « dont ceux de figures notoires du collaborationnisme à outrance, Pierre Drieu la Rochelle, Jacques Chardonne, Lucien Rebatet, Robert Brasillach, mais aussi de Pierre Benoit, Marcel Arland, Henry de Montherlant, Paul Morand, Jean Giono, Roger Vercel » (12). Les facilités octroyées pour publier ne sont qu'une partie des initiatives mises en place. Le plus gros succès éditorial de l'Occupation fut *Les Décombres*, le roman pamphlétaire de Lucien Rebatet, qui se serait écoulé à 100 000 exemplaires. Il aurait été réimprimé à 40 000 exemplaires, ce qui suppose que son éditeur Robert Denoël a bénéficié d'une attribution de papier très généreuse de la part des Allemands. Lucien Rebatet avait été convié à dédicacer son livre lors d'une signature organisée le 8 octobre 1942 à la *Libraire Rive Gauche,* haut lieu de la collaboration littéraire, à l'angle de la place de la Sorbonne et du boulevard Saint-Michel. Loin de la médiatisation autour de la sortie et de la postérité des *Décombres*, l'*Anthologie de la poésie allemande des origines à nos jours,* dans une version bilingue confiée à deux maîtres d'œuvre, l'un français, l'autre allemand, constitue une initiative oubliée. Publié en 1943 aux éditions Stock dirigées par Jacques Boutelleau, *alias* Jacques Chardonne, l'ouvrage est préfacé par Karl Epting, qui aimait recevoir les écrivains acquis à la cause de l'Allemagne dans les jardins de son Institut, anciennement l'ambassade de Pologne. Selon les directeurs de l'*Anthologie*, elle se veut « un témoignage de la communion qui subsiste sans interruption entre les élites spirituelles et un trésor littéraire, conçu sans autre inspiration que la foi dans les valeurs culturelles » (13). Puis Karl Epting, très inspiré, déclare sa foi en la poésie. Elle détient des « formules magiques qui éclairent l'univers allemand » qu'il s'agit de « communiquer » aux lecteurs français. S'appuyant sur Hölderlin, il écrit : « C'est par la poésie seule que l'on pénètre au cœur d'un peuple, c'est dans les poèmes et dans les chants que le génie d'un peuple revêt sa forme la plus directe. (14) » La parution de cette *Anthologie* s'explique aussi par la vogue du genre poétique au cours des années sombres. L'émotion propre au lyrisme, la chaleur du vers, la densité des mots sur un nombre de pages plus court que pour un texte en prose par temps de disette et de papier contingenté ont donné un rôle de premier plan à la poésie, qui connut alors une grande ferveur. À cette aune, les traces connues d'une poésie collaboratrice, pronazie, sont très rares en France, comme l'*Ode à Hitler* d'un ancien instituteur devenu journaliste sous le pseudonyme de Gilles Normand, publiée à Argentan en 1942. La poésie ne serait-elle pas soluble dans la haine de l'autre ? Inventeur d'un cadre réglementaire complexe, l'occupant avait un programme élaboré pour répondre aux attentes du lectorat et tenter de le rallier à cause. Sauf que ses relais, collaborateurs et affidés, entraînés par un esprit de revanche, n'emportèrent pas l'adhésion de ce public captif, ni aveugle ni dupe face aux nouveaux maîtres.

1. Raymond Aron, « Au service de l'ennemi », *Chroniques de guerre. La France libre, 1940-1945*, Gallimard, 1990, p. 522. Cité par Jeanyves Guérin, *Les Listes noires de 1944*, Presses Sorbonne nouvelle, 2016, p. 8.
2. Voir Pascal Fouché, *L'Édition française sous l'Occupation. 1940-1944*, tome I, Bibliothèque de littérature française contemporaine de l'université Paris 7, 1987, p. 15.
3. Voir l'essai de Rita Thalmann, *La Mise au pas. Idéologie et stratégie sécuritaire dans la France occupée*, Fayard, 1991.
4. Charles de Gaulle, *Mémoires de guerre. Le Salut (1944-1946)*, Gallimard, coll. « Bibliothèque de la Pléiade », 2000, p. 701.
5. Pierre Drieu la Rochelle, « La fin des haricots », *La Nouvelle Revue française*, n° 346, décembre 1942, p. 744-751.
6. Cité par Pascal Fouché, *L'Édition française sous l'Occupation. 1940-1944*, tome II, Bibliothèque de littérature française contemporaine de l'université Paris 7, 1987, p. 80. Citation extraite d'un rapport de Heller daté du 13 mars 1942.
7. Estimation citée dans « Chronique de la Résistance. L'intelligence française dans le combat », *Les Cahiers du communisme. Organe théorique du Parti communiste français*, 1er trimestre 1944, nouvelle série, n° 1, p. 57. La référence précise à un numéro de *L'Émancipation nationale* n'a pas été retrouvée.
8. Comité national des écrivains, « Manifeste des écrivains français », *Le Figaro*, 9 septembre 1944, p. 1. Extrait d'une motion adoptée par le CNE, énumérant, à propos « des mesures » à prendre contre les écrivains collaborateurs, quatre critères les définissant. Notre citation reproduit le quatrième critère.
9. Pascal Fouché, *L'Édition française sous l'Occupation. 1940-1944*, tome I, *op. cit.*, p. 16.
10. Voir les souvenirs de Gerhard Heller, écrits avec le concours de Jean Grand, *Un Allemand à Paris. 1940-1944*, Seuil, 1981, p. 36-37. La formule « le plus amical et le plus compréhensif des interlocuteurs » est extraite de l'avant-propos de Jean Grand, qui aida Heller à rassembler ses souvenirs.
11. Sur ce système complexe aux interlocuteurs multiples, voir le livre de Pascal Fouché, *L'Édition française sous l'Occupation. 1940-1944*, tome II, *op. cit.*, le chapitre sur le papier.
12. Gisèle Sapiro, *La Guerre des écrivains. 1940-1953*, Fayard, 1999, p. 35.
13. « Avertissement des éditeurs », in *Anthologie de la poésie allemande des origines à nos jours. Choix, traductions et notices par René Lasne et Georg Rabuse*, Stock, 1943, p. VIII. Embauché à l'Institut allemand, Georg Rabuse en est le directeur adjoint quand le livre paraît.
14. Karl Epting, « Préface », in *Anthologie de la poésie allemande des origines à nos jours. Choix, traductions et notices par René Lasne et Georg Rabuse*, *op. cit.*, p. IX.

La « liste noire » du Comité national des écrivains

Bénédicte Vergez-Chaignon

Le 14 juin 1940, la Wehrmacht entre dans Paris. Trois jours plus tard reparaissent, approuvés par les nouvelles autorités, des quotidiens demeurés dans la capitale : *La Victoire* (sic) et *Le Matin*. Une semaine encore et un homme aussi peu résistant que Paul Léautaud note dans son *Journal* : « Dans *Le Matin* d'aujourd'hui, en première page, un article de M. Abel Hermant, membre de l'Académie française. J'espère que les écrivains s'en souviendront. (1) »

Bénédicte Vergez-Chaignon est historienne, spécialiste de la Seconde Guerre mondiale et de l'Occupation. Dernier ouvrage publié : *Colette en guerre, 1939-1945* (Flammarion, 2022).

Ils s'en souviendront.

Abel Hermant est arrêté aux premiers jours de la libération de Paris, condamné à la prison à perpétuité et radié de l'Académie française, où son fauteuil est réattribué de son vivant. Il a été, tout au long de l'Occupation, l'un des symboles évidents de la trahison des clercs. Le joignant à son collègue Abel Bonnard, chantre de la collaboration et ministre de l'Éducation de Vichy, Jean Paulhan plaisante : « On se demande, voyant de tels Abels, ce que font les Caïns. (2) »

Hermant comme Bonnard figurent bien sûr sur la liste d'écrivains à bannir au jour de la victoire, la « liste noire » établie et publiée par le Comité national des écrivains (CNE) en septembre 1944, dont le souvenir demeure surtout pour sa participation à l'épuration des gens de lettres, mais qui fut aussi une des principales organisations de la résistance intellectuelle et, pendant un temps, l'instance nationale de rassemblement des auteurs.

Prémices

L'attention immédiate portée après la défaite de 1940 sur l'activité, les prises de parole, les publications des écrivains montre assez la position cruciale que ceux-ci occupent en France. Les Allemands ne s'y trompent pas qui interdisent ou font retirer de la vente plus d'un millier de titres ou, au contraire, promeuvent certains auteurs. Ils cherchent à attirer artistes et écrivains dans l'orbite de leur Institut culturel et à en faire leurs obligés, à grand renfort d'autorisations de paraître et d'attributions de papier, fortement contingenté. La compromission est tentante et la collaboration prometteuse, qu'elle soit d'opportunité ou de conviction.

La presse clandestine, qui est d'abord une réponse à la propagande et à la censure, n'attend guère pour fustiger les « écrivains français en chemise brune » dont les noms, à dire vrai, s'étalent dans la presse aux ordres. Aux engagements des uns répondent les avertissements des autres.

À l'été 1941, quand le Parti communiste développe sa politique de Front national de lutte pour la libération et l'indépendance de la France en direction de tous les milieux, Jacques Decour est chargé de regrouper les intellectuels et sollicite Jean Paulhan. Un comité est formé en zone occupée avec, entre autres, Jean Guéhenno et François Mauriac. L'arrestation de Decour retarde la parution du premier numéro des *Lettres françaises*, l'organe de ce Front national des écrivains (FNE), qui est repris par Claude Morgan. Ce journal clandestin, qui connaît vingt numéros de septembre 1942 à août 1944, prend part dans son domaine à la lutte contre l'occupant ; il est aussi l'organe des écrivains qui parlent aux écrivains. Il les met en garde contre les complaisances risquées envers les Allemands et l'idéologie nazie. Ainsi, quand Colette ose dans l'hitlérophile *La Gerbe* un article bourguignon qui se retrouve à voisiner avec les revendications germaniques sur les terres du Téméraire, le journal en tire la leçon :

> « En donnant à la presse contrôlée par l'occupant le moindre bout d'article, même sans caractère politique, un écrivain joue sa partie dans le concert de la propagande ennemie orchestrée par Goebbels. (3) »

Dans la clandestinité

Les effectifs du FNE s'accroissent avec par exemple l'adhésion de Jean-Paul Sartre, Raymond Queneau ou Paul Éluard. En 1943, Aragon promeut la création d'une organisation jumelle en zone sud, dénommée Comité national des écrivains (CNE), où se retrouvent Jean Cassou, Jean Prévost, Claude Roy ou Pierre Emmanuel. Cet intitulé devient bientôt d'usage au niveau national.

Il se dote d'une balbutiante maison d'édition clandestine, la Bibliothèque française, qui publie Le Témoin des martyrs (Aragon), sur les exécutions d'otages de Châteaubriant, ou un *Almanach des lettres françaises*. Il a aussi son propre petit journal, *Les Étoiles,* qui fin 1943 prévient contre la prolifération des listes noires.

> « Fort malheureusement, elles mettent trop souvent sur le même plan des traîtres indiscutables et des hommes qui ne sont guère coupables que d'inconscience *[...]* Nous sommes ici partisans d'une très sérieuse épuration de la presse et de la littérature. Nous craignons que trop de hâte dans la dénonciation enlève précisément du sérieux à cette dénonciation *[...]* Il existe dans la Résistance un Comité national des écrivains et un Comité national des journalistes. Qu'ils aient leur mot à dire, nul ne le contestera. Peut-être vaudrait-il mieux leur laisser la parole. (4) »

Le CNE se présente comme l'interlocuteur naturel des instances dirigeantes de la Résistance. En novembre 1943, il demande au Comité français de la libération nationale d'être habilité à statuer concernant l'épuration et la rénovation de la profession d'écrivain. Quatre mois plus tard, il récidive auprès du CNR concernant les éditeurs.

Listes noires

Durant l'été de la Libération, les deux instances se réunissent et surtout engrangent de nombreuses adhésions, y compris des plus prestigieuses (Paul Valéry, Georges Duhamel). Présidé par Cassou, le CNE déclare œuvrer pour les valeurs de la Résistance, dont la liberté et le respect de l'être humain. *Les Lettres françaises* (un temps doublonnées par le maintien des *Étoiles*) deviennent un « grand hebdomadaire littéraire artistique et politique, organe du Comité national des écrivains français, adhérent au Front national ». Il accueille les grandes signatures de la littérature. C'est là qu'il faut publier pour être connu et reconnu.

Le Comité s'empresse d'initier une épuration professionnelle. Lors de sa première séance plénière, le 4 septembre 1944, il appelle l'attention des pouvoirs publics sur le danger qu'il y aurait à laisser impunis les agissements de certains écrivains pendant l'Occupation. Il demande des mesures contre les membres du Groupe Collaboration, les participants aux voyages de propagande en Allemagne, ceux qui ont tiré un profit financier de leurs engagements. Beaucoup d'entre eux tombent déjà sous le coup de procédures de justice ou d'épuration professionnelle, en particulier en tant que journalistes. Douze noms sont néanmoins mis en avant : Brasillach, Céline, Châteaubriant, Chardonne, Drieu la Rochelle, Giono, Jouhandeau, Maurras, Montherlant, Morand, Petitjean et Thérive.

La semaine suivante, le nombre de ceux qui sont désignés pour avoir « apporté une aide morale ou matérielle à l'oppresseur » atteint la centaine. On y trouve, à l'évidence, des vedettes de la presse collaborationniste (les équipes de *Je suis partout* ou des *Nouveaux Temps*), de véritables agents des services allemands (Jacques de Lesdain, Pierre Mouton, Armand de Puységur), des membres des gouvernements ou des organismes de Vichy (Abel Bonnard, Jacques Benoist-Méchin, Bernard Faÿ), des propagandistes de la collaboration (Paul Chack, Georges Claude), des hommes de paille de l'occupant (Jean de La Hire, Louis Thomas), ainsi que des maréchalistes à grands cris (Henry Bordeaux, René Benjamin). Beaucoup sont des plumitifs obscurs. Quelques-uns sont des célébrités, comme Sacha Guitry ou Pierre Benoit. En conformité avec sa charte, les membres du CNE s'engagent à n'avoir aucun rapport d'édition avec eux.

Pour les proscrits, c'est un coup de massue et un sujet d'indignation. « Je vois mon nom en tête des écrivains mis à l'index. C'est très fasciste », commente Morand (depuis la Suisse) (5). Ils proclament qu'on leur interdit de publier, ajoutant que c'est d'autant plus injuste que ceux qui les censurent aujourd'hui avaient parfaitement la possibilité de se faire éditer sous l'Occupation. Il s'agit d'une atteinte à la liberté d'expression ainsi que de la claire manifestation de jalousies professionnelles. Montherlant réplique dans un *Mémoire* en listant les noms prestigieux de ses confrères qui ont publié dans les journaux de la collaboration ou fait représenter leurs pièces de théâtre à Paris (6).

L'enjeu dans les mois qui suivent est d'essayer de sortir de la liste (ou de n'y pas entrer). Pour certains, le combat est perdu d'avance et ce sont les cours de justice qui solderont la question en les condamnant – au moins – à la dégradation nationale. Pour d'autres, les amitiés, la notoriété, le talent, les marques de bonne volonté laissent une marge de négociation à leurs soutiens au sein du CNE. Le 21 octobre, la liste mise à jour est augmentée d'une cinquantaine de noms, mais Morand, Jean de La Varende, Bordeaux ou René Barjavel en ont disparu.

Le CNE délègue trois représentants à la commission d'épuration de l'édition. Il figure aussi parmi les organismes qualifiés par le Gouvernement provisoire pour porter plainte auprès du Comité national d'épuration des gens de lettres. Créé en mai 1945, ce dernier peut édicter des interdictions de publication ou d'édition et la saisie des revenus générés par les œuvres prohibées. Néanmoins, alors que les avis du CNE sont seulement incitatifs, c'est bien la « liste noire », sa composition et ses conséquences qui focalisent une grande part des débats internes comme des commentaires extérieurs.

Ruptures

Des écrivains – souvent journalistes – sont parmi les premiers condamnés des cours de justice durant l'hiver 1944-1945. Et souvent lourdement condamnés : Georges Suarez, Paul Chack, Robert Brasillach sont fusillés. Henri Béraud est gracié. Tandis que les écrivains se mobilisent au coup par coup pour appuyer les demandes de grâce de leurs confrères naît la rumeur selon laquelle les hommes de plume paieraient bien plus cher leur collaboration que les profiteurs économiques.

> « L'épuration mène la vie dure aux écrivains, s'écrie Paulhan. Les ingénieurs, entrepreneurs et maçons qui ont bâti le mur de l'Atlantique se promènent parmi nous bien tranquillement. Ils s'emploient à bâtir de nouveaux murs. Ils

bâtissent les murs des nouvelles prisons, où l'on enferme les journalistes qui ont eu le tort d'écrire que le mur de l'Atlantique était bien bâti. (7) »

La chronologie montre surtout qu'il est plus facile d'instruire l'affaire d'un journaliste (il suffit d'une collection de journaux et d'une paire de ciseaux) que de venir à bout de dix mètres linéaires de documents comptables.

L'ampleur des polémiques et des dissensions entraîne en 1946 une première rupture au sein du CNE, marquée par la démission de son cofondateur, Paulhan (dont le nom disparaît de la manchette des *Lettres françaises*), bientôt suivi de Duhamel, Jean Schlumberger ou Gabriel Marcel. Depuis quelques mois déjà, Mauriac ou Bernanos ont été répudiés pour leur indulgence.

Postérité

Ceci n'empêche pas le CNE, installé dans un magnifique hôtel particulier dans le VIIIe arrondissement, de demeurer un lieu central de la vie littéraire, animé par ses salons du samedi, ses matinées poétiques, ses réceptions d'auteurs étrangers (John Steinbeck, José Bergamin) et les ventes annuelles au profit des écrivains victimes de la guerre. Ces « six heures du livre », qui se déroulent généralement au Vélodrome d'Hiver, accueillent des écrivains de tous bords et drainent un public impressionnant.

L'influence dominante du CNE marque le bouleversement durable du milieu littéraire, accompagné d'un effondrement de la légitimité de la droite intellectuelle, confondue avec la collaboration, tandis que communistes et compagnons de route occupent des positions de force qui flirtent avec le magistère.

Toutefois, le durcissement des camps nés de la guerre froide, l'alignement sur le Parti communiste et les procès qui se déroulent en Union soviétique ou dans les démocraties populaires creusent le fossé entre progressistes, compagnons de route et communistes. Paulhan s'en prend aux communistes avec une âpreté qui lui fait attaquer tout aussi bien la Résistance et le CNE, fustigeant en particulier « le ridicule et l'odieux » de la liste noire.

Les Lettres françaises rétrécissent leur rayonnement autour d'un noyau dont le talent littéraire n'est pas toujours la plus grande qualité. Aragon en prend la direction tandis qu'Elsa Triolet est vice-présidente du CNE.

Le Comité éclate au tournant de 1953 à propos de l'antisémitisme à l'œuvre dans les procès de Prague. Une vingtaine de membres importants donnent leur démission, dont le président, Louis Martin-Chauffier. Comme il est d'usage que la présidence ne soit pas détenue par un communiste encarté, Vercors accepte la fonction, qu'il quitte à son tour en 1956 à la suite de l'entrée de l'Armée rouge en Hongrie pour y réprimer une révolte. Après de nouveaux départs, le Comité national des écrivains, présidé tour à tour par Francis Jourdain, Aragon et Léon Moussinac, devient nettement une annexe du Parti communiste français et se marginalise. Il survivra jusqu'en 1970, année où se ferment les yeux d'Elsa.

1. Paul Léautaud, *Journal littéraire*, tome III, Mercure de France, 1956, p. 106.
2. Jean Paulhan, « Trop d'Abels », Slogans/pour les jours sombres, manuscrit, décembre 1940.
3. « Colette, la Bourgogne et M. Goebbels », *Les Lettres françaises*, décembre 1942.
4. « La confusion sert les traîtres », *Les Étoiles*, novembre 1943.
5. Paul Morand, *Journal de guerre*, tome II, Gallimard, 2023, p. 309.
6. Henry de Montherlant, *L'Équinoxe de septembre* suivi de *Le Solstice de juin* et de *Mémoire*, Gallimard, 1977.
7. Jean Paulhan, *De la paille et du grain*, Gallimard, 1948, p. 98.

DOSSIER

L'AMÉRIQUE REBELLE

De la table rase en Amérique

Ran Halévi

En 1933, fraîchement élu, Franklin Roosevelt a demandé aux Américains de lui laisser cent jours avant de le juger. Pour le second mandat de Donald Trump, cinquante jours auront suffi. En quelques semaines, nous avons changé d'époque.

M. Trump a emporté l'élection présidentielle nettement, mais d'une faible marge (1,5 % du corps électoral). Il devait cette courte victoire aux électeurs indépendants des États pivots pour des raisons essentiellement économiques. À la veille du scrutin, d'après les sondages, une majorité des Américains attendaient du futur président qu'il s'attache à endiguer l'immigration illégale, brider les excès de la culture woke, freiner l'inflation et désamorcer les conflits internationaux. Ils n'avaient pu imaginer, malgré les promesses de « choc et stupeur » des prédicateurs Maga (*Make America Great Again*), que la nouvelle administration, sitôt installée, s'appliquerait à malmener ses voisins, répudier ses alliés, chahuter l'ordre international, saper l'État de droit et faire divorcer l'Amérique de son passé. Rien aujourd'hui ne laisse présager l'état du monde dans quatre ans.

Ran Halévi est directeur de recherche au CNRS et professeur au Centre de recherches politiques Raymond-Aron. Dernier ouvrage publié : *Le Chaos de la démocratie américaine. Ce que révèle l'émeute du Capitole* (Gallimard, 2022).

Pour l'heure, c'est improvisation, désordre et confusion à tous les étages. M. Trump avait promis de faire arrêter et expulser « des millions et des millions » d'immigrés illégaux. Certes, les mesures de contrôle aux frontières ont largement freiné les entrées illégales dans le territoire américain. Mais les arrestations des individus promis à l'expulsion dans le mois qui suivit l'entrée en fonction de

M. Trump étaient loin d'atteindre la moyenne mensuelle sous l'administration Biden en 2024 (37 000 contre 57 000). L'un des premiers décrets présidentiels privait de l'accès à la citoyenneté les enfants d'immigrés nés sur le sol américain, en violation délibérée du quatorzième amendement de la Constitution ; il sera aussitôt retoqué par des juges fédéraux. La nouvelle administration a gelé illégalement des milliards de dollars d'aide publique alloués par le Congrès, avant d'être obligée d'y surseoir.

Le ministère *ad hoc* confié à Elon Musk, au statut juridique flou et au fonctionnement opaque, a décrété le renvoi de centaines de milliers d'employés fédéraux, pour se voir dans la foulée désavouer par les tribunaux. Sa décision ensuite de réclamer un « rapport d'activité », par retour de courrier, à l'ensemble des fonctionnaires – y compris les agents de renseignement… – dut être reportée *sine die*. Les communiqués de M. Musk sur les prouesses de son équipe sont régulièrement démentis ou corrigés, notamment par lui-même. Aux dernières nouvelles, M. Trump a avisé ses secrétaires d'État qu'ils avaient toute latitude de décider, sans l'aide de M. Musk, des licenciements relevant de leurs ministères.

Par-delà cette rafale d'initiatives légales ou illicites, on voit mal comment M. Trump pourrait concilier sa détermination d'émasculer la bureaucratie assimilée à « l'État profond » avec la nécessité de mobiliser les compétences de cette même administration pour mettre en œuvre sa politique.

Autre trait inédit de ces débuts impétueux et chaotiques : les incessantes logorrhées présidentielles qui dictent depuis des mois l'ordre du jour national et planétaire. Pendant la première semaine de son mandat, les interventions publiques du président, officielles ou improvisées, s'étalèrent sur plus de sept heures (81 235 mots prononcés), près de quatre fois plus que son prédécesseur à la même période. Toujours est-il que, six semaines après son entrée en fonction, sa cote de popularité était la plus faible de l'histoire récente de la présidence des États-Unis : 47 % d'opinions favorables contre 51 % de négatives (M. Biden, après les cent premiers jours, avait été plébiscité à 57 % contre 40 %).

À l'international comme à l'intérieur, Donald Trump ne cesse d'invoquer le bon sens pour défier le sens commun. D'une main – heureuse –, il a contraint le gouvernement Netanyahou à accepter une trêve avec le Hamas ; d'une autre, il a prôné le nettoyage ethnique de la bande de Gaza sous parrainage américain pour en faire un lieu de villégiature et un paradis immobilier… Il a infligé, au défi de tous les manuels d'économie, des droits de douane au Canada et au Mexique avant de les suspendre, puis les rétablir et à nouveau les différer, puis les doubler pour le Canada et aussitôt y renoncer suite aux turbulences des marchés financiers. Et ce n'est pas fini. « Les tarifs, c'est la guerre », a prévenu récemment Warren Buffett. M. Trump y voit plutôt un « merveilleux » substitut à l'impôt.

Lui qui professe à la fois l'isolationnisme et des velléités impériales a prié son voisin du nord de bien vouloir cesser d'exister, sommé le Danemark de lui vendre le Groenland et le Panama de lui céder gracieusement le canal du même nom, sans autre résultat tangible que de susciter une fébrilité générale et l'inimitié des intéressés. Cependant que son vice-président est venu sermonner les alliés européens sur les atteintes aux libertés sur le Vieux Continent, avant d'aller courtiser l'extrême droite allemande, dont les sympathies illibérales n'ont d'égal que leur détestation de l'Amérique.

Enfin, Donald Trump avait promis de mettre fin « en vingt-quatre heures » à la guerre en Ukraine. Faute de quoi, il a gratifié Vladimir Poutine, privé d'une victoire militaire, d'une réhabilitation politique sans autre contrepartie que les applaudissements de Moscou. Avant d'administrer, dans une scène orwellienne, des leçons de bonnes manières au président Zelensky, qu'il avait qualifié successivement de dictateur, fomenteur de guerre, quémandeur d'aumônes dépourvu de cartes politiques, et de revenir quelques jours plus tard à de meilleures dispositions.

Il veut arrêter cette guerre parce qu'elle contrarie ses priorités, mais il n'a cure de l'Ukraine si ce n'est pour accéder à ses richesses naturelles, comme un retour d'investissement du soutien militaire américain. Dans l'échiquier de Donald Trump, l'Ukraine n'est qu'une marchandise à solder par pertes et profits. Son ingénu vice-président l'a déclaré sans fard dès 2022 : « Franchement, je me fiche de ce qui peut arriver à l'Ukraine d'une manière ou d'une autre. » Pour J.D. Vance, l'Ukraine est ce qu'a été la Tchécoslovaquie pour Neville Chamberlain en 1938, « un pays lointain dont on ne sait rien ». À ce jour, M. Trump croit encore que le meilleur moyen de la préserver des appétits de son voisin c'est d'y expédier non pas des forces d'interposition, mais des investisseurs américains, et de normaliser les relations avec Moscou. C'est oublier que l'apaisement n'empêche pas les guerres mais les provoque, le déshonneur en plus.

Qu'est-ce qui fait agir Donald Trump ? Sur le plan personnel – et chez lui, tout semble personnel –, c'est la « rétribution » des offenses qui transparaît jusqu'au moindre de ses actes. On a cité la logique à somme nulle de l'ami-ennemi, théorisée par Carl Schmitt, comme le ressort de son action politique. De fait, avec M. Trump, ces notions paraissent si flexibles, et réversibles, qu'elles perdent toute pertinence explicative. Politique transactionnelle ? Pas exactement non plus. Elle est supposée satisfaire les différents partis engagés, alors que M. Trump envisage la politique comme un pur rapport de force où seuls les puissants font la loi.

Certes, le président a des plans à la pelle qu'il décline à une cadence échevelée. Mais il ne propose aucun projet d'avenir cohérent ni une vision stratégique intelligible. La « grandeur de l'Amérique » et les promesses d'un âge d'or qu'il a invoquées dans son intarissable discours d'investiture ne sont pas une politique. Comme nos éradicateurs de 1789, il se montre beaucoup plus clair sur ce qu'il veut détruire que sur ce qu'il prétend créer. C'est une politique de la table rase version américaine, qui criminalise le passé, promet un avenir radieux et entend régénérer le pays à coups de décrets exécutifs, d'intimidations et de menaces, avant de rencontrer des obstacles à chaque pas et, du coup, dénoncer des ennemis cachés et voir des complots partout.

On peut objecter qu'au moins dans le domaine géopolitique, M. Trump a un dessein lisible : décharger l'Amérique de son rôle traditionnel, onéreux et ingrat de bouclier de l'ordre libéral pour revenir au monde des grandes puissances du XIXe siècle, régi désormais par la compétition stratégique entre les États-Unis et la Chine. Dans cette logique, expliquent ses stratèges, il est vital de ménager la Russie pour la détacher du colosse chinois, comme l'a fait Nixon avec la Chine en l'isolant de l'Union soviétique. Seulement, dans les années soixante-dix, la Chine, épuisée par une ruineuse révolution culturelle et en rupture avec Moscou, s'est rapprochée de l'Occident à son avantage ; aujourd'hui, l'administration Trump cherche à renouer avec le dictateur russe au seul bénéfice de ce dernier.

Vladimir Poutine a beau se poser en victime, sous le regard compatissant du président américain (« il a beaucoup souffert »), le principe constitutif de sa politique n'a pas varié : restaurer coûte que coûte l'empire que l'effondrement de l'Union soviétique a disloqué. La Russie n'a jamais été un État-nation et n'entend pas le devenir. Pour citer le mot fameux de Zbigniew Brzezinski, « sans l'Ukraine, la Russie cesse d'être un empire ». Une victoire en Ukraine ne sera qu'une étape de la reconquête de la périphérie de l'État russe. Et ce n'est pas la Chine qui risque d'y faire obstacle. Le partenariat « sans limites » conclu par Pékin et Moscou en 2022 offre la meilleure caution à la politique russe. Après tout, les deux régimes partagent la même conception du pouvoir et les mêmes adversaires – la société libérale, la démocratie, l'Occident. C'est une chimère de vouloir anesthésier l'avidité impériale de la Russie en l'arrimant à l'Amérique. M. Trump joue unilatéralement avec la paix du monde.

Et il le fait avec autant de latitude parce que la démocratie américaine se trouve paralysée sous les coups de boutoir de son administration : c'est la subversion des institutions à l'intérieur qui lui aura permis d'avoir les mains aussi libres à l'extérieur. Le trumpisme révolutionnaire pose que le droit est une émanation de la puissance et non l'inverse ; que la légitimité politique est une pure affaire de rapport de force ; que les normes sont faites pour être pliées ; que les attributs du pouvoir exécutif ne sauraient être bridés ni par les lois constitutionnelles, qu'on peut toujours réinterpréter, ni par le système des freins et des contrepoids. On ne compte plus les décisions sciemment illégales prises par la nouvelle administration et annulées ou suspendues par les juges fédéraux et la Cour suprême.

Mais les idéologues Maga ne désarment pas. Pour J. D. Vance, les juges n'ont pas autorité à arrêter le pouvoir exécutif. En 2021, il a déclaré que M. Trump devrait limoger tous les employés de l'État – ce que la loi interdit – et les remplacer par des hommes de son choix. « Et si les tribunaux objectent, il n'aura qu'à dire : "Le président de la Cour suprême a pris sa décision, maintenant, qu'il la mette à exécution." » Lisez : la Cour suprême, combien de divisions… Et M. Trump lui-même, sur Fox News, fin mars, alors que s'accumulaient les révocations des décisions présidentielles par les tribunaux : « Nous avons des juges brutaux qui sont en train de détruire notre pays. » Et de réclamer, la même semaine, la destitution d'un juge fédéral qui avait retardé des expulsions en réclamant au gouvernement des éclaircissements sur le bien-fondé de sa décision. La guerre est déclarée, et Dieu sait comment elle va finir.

La pire des entorses portées à l'esprit des institutions – on l'a presque oublié – est le pardon général et irrévocable accordé à tous les émeutiers du Capitole – plus de 1 500 personnes. Ces hommes avaient été légalement interrogés, jugés et condamnés pour avoir participé, à divers degrés, à une insurrection contre l'État et commis, pour certains, des violences caractérisées contre des officiers de police et des civils. Donald Trump avait promis d'étudier leurs dossiers cas par cas. Mais aussitôt installé au Bureau ovale, il les a tous fait libérer, en qualifiant leur sentence de « ridicule et excessive ». Ce pardon, un acte certes légal, viole néanmoins délibérément le principe de la séparation des pouvoirs : M. Trump se constitue en juge suprême qui se substitue au pouvoir judiciaire en le désavouant par l'autorité de son bon vouloir.

C'est aussi une iniquité politique : le pardon des émeutiers suggère qu'il existe une justice à deux vitesses, celle pour les partisans du président et celle pour les autres ; que M. Trump place l'allégeance à sa personne au-dessus du droit et instrumentalise sa fonction à des fins personnelles. D'ailleurs, du même mouvement, il a limogé tous les procureurs et envisage d'ouvrir une enquête sur les milliers des agents fédéraux associés aux poursuites contre les émeutiers du Capitole.

C'est enfin une faute morale. Le président absout les fauteurs d'une insurrection dont il se trouve être l'instigateur. Une manière d'appliquer le pardon également à lui-même. Dans le « narratif » de Donald Trump, l'émeute du 6 janvier n'aura jamais existé.

La rupture de l'administration Trump avec la tradition démocratique américaine a été facilitée par la mise au pas du Parti républicain et sa sujétion, comme un seul homme, aux volontés du président, jusqu'aux moins défendables. Ainsi le choix de certains ministres notoirement incompétents, et douteux pour certains, dont l'allégeance servile au président tient lieu de qualification professionnelle : une ex-apologiste du régime Assad nommée à la tête du renseignement national, un négationniste des vaccins au ministère de la Santé, et à la Défense, l'hôte d'une émission de télévision connu pour ses penchants alcooliques et accusé récemment d'abus sexuels. Peur ou résignation, il ne s'est pas trouvé un seul sénateur républicain pour récuser leur nomination. Les élus du parti, bâillonnés et pusillanimes sous l'œil vigilant des militants Maga, ont abdiqué leur rôle de législateurs indépendants et de contrepoids politique dans le dispositif de l'équilibre des pouvoirs hérité des Fondateurs.

Deux cent cinquante ans après la création de la République américaine, elle se trouve gouvernée pour la première fois de son histoire par un monarque électif aux pouvoirs immenses et sans autre frein que les tribunaux fédéraux et la Cour suprême. Au moins jusqu'aux prochaines élections de mi-mandat.

Ce texte est une version adaptée et élargie d'une chronique parue dans *Le Figaro* le 21 mars 2025.

Pourquoi il faut lire J. D. Vance

Christian Authier

À peu près inconnu des Français et du reste du monde voici encore quelques mois, J. D. Vance, désormais vice-président des États-Unis, est devenu l'une des figures de l'Amérique trumpiste. Son discours de Munich, le 14 février 2025, au cours duquel il alertait les dirigeants de l'Union européenne sur l'état de certaines libertés au sein de leur continent, a été perçu par beaucoup comme une offense. Un peu plus tard, la façon dont il rudoya, avec le président Trump, à la Maison-Blanche et devant les caméras de télévision, Volodymyr Zelensky, enjoignant le président ukrainien à plus d'humilité et de reconnaissance envers ses généreux protecteurs américains, n'a pas amélioré son image sous nos latitudes. Au-delà de ces événements, pour mieux comprendre l'actuel vice-président américain et à travers lui l'Amérique de Trump, il convient de lire son autobiographie, *Hillbilly Élégie*, parue en 2016 aux États-Unis (avant la carrière politique de son auteur), où elle devint un best-seller, et un an plus tard en France (1). Il est d'ailleurs savoureux de relire aujourd'hui l'accueil que réserva alors au livre la presse de gauche hexagonale. De *Télérama* (« un récit poignant, et nécessaire ») au *Monde diplomatique* (« remarquable

Christian Authier est romancier, essayiste et journaliste. Il a notamment publié *À l'est d'Eastwood* (La Table ronde, 2003) et *Clint Eastwood* (Fitway Publishing, 2005). Dernier ouvrage paru : *Poste restante* (Flammarion, 2024).

peinture sociale ») en passant par *Le Monde* ou *L'Humanité*, on célébra cette œuvre. Bien que son auteur ait rejoint aux yeux des mêmes le camp du mal, *Hillbilly Élégie* n'a rien perdu de sa force ni de son acuité.

Mais qui sont donc ces *hillbillies*, baptisés aussi *rednecks* ou *white trash*? Des « ploucs », des « péquenauds », des « petits Blancs » enracinés dans l'Amérique profonde et méprisés par l'establishment politico-culturel ; des ouvriers (ou descendants d'ouvriers) historiquement proches du parti démocrate qui basculèrent largement du côté des républicains ces dernières décennies. Né en 1984 dans une famille pauvre d'immigrés irlando-écossais de la Rust Belt (« ceinture de la rouille », cette ancienne région industrielle frappée par la récession et les délocalisations induites par la mondialisation économique), J. D. Vance se présente comme « le fils d'un homme qui m'avait abandonné, et que je connaissais à peine, et d'une femme que j'aurais préféré ne pas connaître ». Délaissé par une mère engluée dans ses addictions à l'alcool et aux drogues, le garçon sera élevé par ses grands-parents maternels dans une petite ville de l'Ohio n'ayant connu que la crise depuis quarante ans de désindustrialisation.

Âgé de 32 ans lorsqu'il publie son livre, J. D. Vance dit l'avoir écrit afin « qu'on sache quelle vie mènent les plus pauvres et qu'on mesure l'impact de cette pauvreté, matérielle et spirituelle, sur leurs enfants ». Et le portrait qu'il dresse des siens, de sa « famille de fous », de leurs proches, de « ceux dont les gens qui vivent entre Boston et Washington se moquent », ne cache rien de leurs travers et des maux touchant ces déclassés : familles explosées, parents célibataires, système d'aides sociales confortant trop souvent le maintien dans la pauvreté, crédits à la consommation aux taux exorbitants, malbouffe, surconsommation médicamenteuse, alcoolisme, drogue, déliquescence des liens sociaux… Pour autant, ses grands-parents, parfois brutaux et violents, maniaques de la gâchette, aimants et protecteurs, lui inculquèrent des valeurs propres aux gens de peu : loyauté, solidarité, honnêteté, fidélité aux siens.

Cependant, tout semblait destiner Vance à un avenir sombre, à la colère et au ressentiment. Un engagement dans les Marines, de 2003 à 2007, lui fait quitter son Ohio natal. Envoyé en Irak, servant dans des unités non combattantes, il retirera de l'expérience une méfiance envers les expéditions militaires américaines. De retour au pays, il s'inscrit à l'université publique de l'Ohio puis, grâce à des bourses, intègre la prestigieuse faculté de droit de Yale (200 000 dollars de frais de scolarité). Il deviendra avocat et épousera une Américaine issue d'une famille d'immigrants hindous (elle-même avocate et rencontrée à Yale). Le livre s'achève là.

Vance se reconvertira dans les affaires, notamment en devenant dirigeant de Mithril Capital, société de capital-risque de Peter Thiel, le fondateur de PayPal. 2021 marque son entrée en politique chez les républicains et il est élu sénateur de l'Ohio fin 2022. On connaît la suite…

Hillbilly Élégie n'est pas l'une de ces *success stories* dont le public raffole. Au misérabilisme, à l'autosatisfaction ou à l'incantation, J. D. Vance préfère l'humilité, l'humour, la volonté de comprendre. Pratiquant une sorte de sociologie des petits faits vrais et des choses vues, il ausculte cette Amérique oubliée, dédaignée, ayant subi de plein fouet aussi bien la crise économique, la crise immobilière ou la crise des opioïdes (près de 700 000 Américains morts d'une overdose en vingt-cinq ans). Au passage, il balaie des idées reçues ancrées dans son milieu. Non, n'en déplaise aux complotistes, la société, le gouvernement, les élites ne sont pas coupables de tous les maux frappant les classes populaires. Oui, il y a chez ces dernières des « reines des allocs » et des hommes allergiques au travail.

La voix du peuple

Par ailleurs, *Hillbilly Élégie* regorge de scènes drôles et touchantes sur le parcours de ce transfuge de classe, avec les sentiments de gêne ou de honte qu'il implique. On n'oublie pas, par exemple, ce dîner à Yale où se pressent les recruteurs des plus grands cabinets d'avocats du pays. Une élégante serveuse demande au jeune diplômé Vance s'il souhaite du vin blanc ou du vin rouge. Dépassant sa timidité, il opte pour du blanc. Sauvignon ou chardonnay ? Mais que signifient ces mots inconnus ? Serait-ce un piège ? Puis, comment doit-on se servir des innombrables couverts entourant l'assiette ? Affolé, il file téléphoner à sa petite amie afin d'obtenir le mode d'emploi. Lors de ce même dîner, il découvre l'existence de l'eau pétillante. De l'eau avec des bulles, cela doit être une erreur. Il hèle un serveur pour remplacer la bouteille, mais la nouvelle qu'on lui apporte pétille toujours. S'il avait été familiarisé avec les bulles du Pepsi dès l'âge de 9 mois grâce aux biberons préparés par sa mère, le gamin des Appalaches ne connaissait pas cet étrange breuvage nommé San Pellegrino.

Certains se moqueront de l'ignorance et de la maladresse du *hillbilly*. Il appartenait à l'époque à cette masse de « déplorables » (pour reprendre le terme par lequel Hillary Clinton qualifia les électeurs de Trump en 2016), à ces classes populaires déshéritées qui ont à nouveau voté pour le milliardaire en 2024. Comment les pauvres peuvent-ils voter à droite (2) ?

Pourquoi n'embrassent-ils pas les engouements d'une large part de la gauche américaine pour la *cancel culture*, le wokisme ou l'islamophilie radicale ? En lisant *Hillbilly Élégie*, ils comprendront peut-être l'apparent paradoxe voyant des classes populaires – aux États-Unis comme en Europe et en Amérique latine – se tourner vers les représentants politiques d'une droite populiste, décomplexée, nationaliste, protectionniste.

De J. D. Vance, il faut lire également le fameux discours de Munich. On y trouvera ceci :

> « La démocratie repose sur le principe sacré selon lequel la voix du peuple compte. Il n'y a pas de place pour des “pare-feu”. Soit on respecte ce principe, soit on ne le respecte pas. Le peuple européen a une voix. Les dirigeants européens ont le choix. Et je suis résolument convaincu que nous n'avons aucune raison d'avoir peur de l'avenir. Écoutez ce que votre peuple vous dit, même si cela vous surprend, même si vous n'êtes pas d'accord. Ainsi, vous pourrez affronter l'avenir avec certitude et confiance, en sachant que la nation vous soutient. Et c'est là d'où la démocratie tire pour moi sa magie. Pas dans ces édifices de pierre ou dans ces magnifiques hôtels. (3) »

1. J. D. Vance, *Hillbilly Élégie*, Globe, 2017. Réédité en 2025 chez le même éditeur sous le titre *Une famille américaine*.
2. Thomas Frank, *Pourquoi les pauvres votent à droite*, éd. Agone, 2008.
3. Discours du vice-président des États-Unis, J. D. Vance, à Munich, le 14 février 2025.

Peter Thiel, le technoprophète de l'Apocalypse

Grégory Aimar

On imagine mal Peter Thiel, cette figure ultra-influente de la tech, cofondateur de PayPal, investisseur précoce et ex-membre du conseil d'administration de Facebook, fondateur de Palantir Technologies, mentor de J.D. Vance et proche conseiller de Donald Trump, s'inquiéter des prophéties bibliques et de la fin du monde. C'est pourtant ce qu'il confiait à Peter Robinson en octobre 2024, au sein de la prestigieuse Université de Stanford, à l'occasion d'un entretien dans lequel il livrait sa vision littéralement apocalyptique de notre avenir et sa crainte de voir l'Antéchrist émerger de la révolution technologique en cours. Ces considérations technoreligieuses, à ce jour encore largement ignorées par les institutions européennes, traversent en réalité tout l'écosystème de l'intelligence artificielle, en particulier américain, et ont déjà des conséquences politiques très concrètes. L'Europe peut-elle encore se permettre, à l'aube du second acte trumpien, de faire l'économie d'une réflexion sur le sujet ?

Grégory Aimar est journaliste et écrivain. Passionné par les questions liées à l'avenir de l'humanité, il travaille depuis plus de quinze ans sur les sujets de la technologie, de l'écologie et de la spiritualité. Dernier ouvrage publié : *L'Évangile selon Big Tech* (Librinova, 2024).

Beaucoup s'offusquent de la tournure prise par la vie politique aux États-Unis depuis l'élection de leur nouveau président. Les déclarations outrancières de Donald Trump et d'Elon Musk, accompagnées de réformes non moins brutales, sidèrent une bonne partie de l'opinion et suscitent autant d'interrogations que d'inquiétudes quant à l'avenir de nos démocraties occidentales. Soutien de la première heure du candidat Trump, Peter Thiel ajoutait à la sidération ambiante en publiant, le 10 janvier 2025, une tribune dans le *Financial Times,* dans laquelle il appelle de ses vœux une « apocalypse » de l'information au pays de l'Oncle Sam (1). Un terme qu'il emploie au sens propre – « révélation » – et dont il assume entièrement le caractère religieux. Il évoque, dans son texte, les « péchés » des dirigeants américains précédents qui auraient caché certaines vérités à propos, notamment, de l'assassinat de JFK, du suicide de Jeffrey Epstein ou encore de la gestion de la crise du Covid. Selon Thiel, ces secrets sont voués à être révélés sous la deuxième présidence Trump.

Les observateurs sont tombés des nues à la lecture de ce sermon, surtout dans les colonnes d'un journal aussi sérieux que le *Financial Times.* Pourtant, ce discours n'est pas nouveau : les gourous de la Silicon Valley aspirent depuis des décennies à construire une religion à la fois technologique et politique, et ne s'en cachent pas. Mais ce versant de l'histoire reste mal compris et l'on interprète souvent ce genre de propos comme une stratégie qui viserait à faire diversion, à occulter les « vrais problèmes » posés par le pouvoir grandissant des géants du numérique. Si cette lecture ne peut pas être totalement exclue, elle est néanmoins loin d'être suffisante et cette carence dans l'analyse du phénomène pourrait se révéler problématique dans l'élaboration de la stratégie que l'Europe tente d'opposer aux Big Tech américains. On ne discute pas de la même façon avec un entrepreneur qui souhaite conquérir un nouveau marché pour accroître ses profits et avec un autre qui pense sauver le monde des griffes de l'Antéchrist grâce aux technologies qu'il développe. Car c'est bien de cela qu'il s'agit, ici : pour Peter Thiel, et pour de nombreux collaborateurs de Trump, derrière la révolution de l'intelligence artificielle, ce n'est rien de moins que le salut de l'humanité qui se joue.

Dans son entretien avec Peter Robinson (2), Peter Thiel l'exprime très clairement : « Je pense qu'il y a beaucoup de choses dans cette science technologique incontrôlable qui nous poussent vers une sorte d'Armageddon. » Pour les non-spécialistes, rappelons que l'Armageddon désigne dans la Bible (Apocalypse, 16, 16) à la fois l'événement et le lieu de la bataille finale entre Dieu et les gouvernements humains rebelles à l'ordre divin, menant à la destruction de ces derniers. Par extension, le terme désigne dans le langage courant une catastrophe planétaire et la disparition d'une grande partie de l'humanité. Face à ce cataclysme supposé, donc, Thiel anticipe : « Nous éviterons l'Armageddon en instaurant un État mondial doté d'un véritable pouvoir. Et le terme biblique pour une telle entité est "l'Antéchrist". L'intuition chrétienne que j'ai à ce sujet, c'est que je ne veux pas d'Antéchrist, que je ne veux pas d'Armageddon, et que j'aimerais trouver un chemin étroit entre les deux, où nous pourrions éviter l'un et l'autre. » À ce stade de l'entretien, il y a de quoi être incrédule. Enchaînant les références à l'Apocalypse de Jean, aux prophéties de Daniel et à celles de saint Paul, on se demande si le conseiller de Trump est pris d'une soudaine crise mystique ou si c'est une caméra cachée. Rien de tout cela. Peter Thiel est très sérieux et il est convaincu que « des choses importantes vont se produire ».

Dans la seconde partie de l'entretien (3), l'entrepreneur précise sa vision des choses et décrit comment l'Antéchrist pourrait émerger d'une organisation gouvernementale mondiale au prétexte de lutter contre le réchauffement climatique, d'éviter des catastrophes nucléaires ou encore d'instaurer la paix mondiale. Il entend nous mettre en garde contre un tel scénario, car il est convaincu que « l'avènement d'un État global régnant sur une foule mondiale amènera l'humanité à s'enfermer sur elle-même ». Bien sûr, une des craintes de Thiel, c'est de ne pouvoir échapper à l'impôt : dans un marché réellement globalisé, plus d'évasion fiscale possible… « L'IA est suffisamment puissante pour contrôler le monde entier », précise-t-il. Il en sait quelque chose, puisque sa société Palantir est spécialisée dans l'analyse du big data et travaille en étroite collaboration avec les renseignements américains et européens. « L'Antéchrist parlera tout le temps de l'Armageddon, poursuit-il. Il fera peur aux gens, puis proposera de les sauver. Le slogan de l'Antéchrist, ce sera la paix et la sécurité. Il se présentera comme un grand humaniste, plus redistributif, philanthrope, altruiste efficace… » Ici, on commence à comprendre ce qui angoisse réellement ce chantre du technocapitalisme : pour lui, la fin du monde, ce serait, en fait, de perdre son propre pouvoir.

Prophéties… et stratégies

« Les enjeux sont vraiment, vraiment élevés, insiste-t-il. Il me semble très dangereux que nous soyons à un point où si peu de gens se préoccupent de l'Antéchrist. » Mais pour Thiel, si la technologie et en particulier l'intelligence artificielle sont dangereuses, il est encore plus risqué de ne pas les développer. En réalité, sous couvert de réflexions eschatologiques, le technoprophète se fait le porte-parole de toute la galaxie libertarienne – Elon Musk, Vivek Ramaswamy, Marc Andreessen, Curtis Yarvin… – et promeut une certaine vision de l'avenir: celle d'une humanité soumise à une technologie totalitaire, mais dont eux seraient les maîtres, et non une organisation mondiale ou, pire, un gouvernement démocratiquement élu. Ce en quoi il illustre parfaitement sa prédiction: « L'Antéchrist parlera tout le temps de l'Armageddon. Il fera peur aux gens, puis proposera de les sauver. » Rappelons ici une déclaration de l'intéressé, rapportée en 2017 par le journaliste américain Noam Cohen, qui permet de mieux cerner ses motivations profondes: « Nous sommes engagés dans une course à mort entre la politique et la technologie. Le sort de notre monde dépend d'un seul individu, d'une personne, qui sera capable de bâtir et diffuser des outils technologiques favorisant la liberté et permettant un monde plus sûr pour l'épanouissement du capitalisme. (4) »

On retrouve ce genre de discours radicalement technosolutionniste chez la plupart des acteurs de la Silicon Valley. Chez Musk, par exemple, qui alerte l'opinion depuis des années sur la probabilité que l'intelligence artificielle dépasse un jour l'intelligence humaine et qui nous propose, pour rester compétitifs, de fusionner avec elle *via* ses implants Neuralink. Ou encore chez Andreessen, qui écrivait en octobre 2023 dans son *Manifeste techno-optimiste*: « Nous pensons qu'il n'existe aucun problème matériel – qu'il soit créé par la nature ou par la technologie – qui ne puisse être résolu avec davantage de technologie. (5) » En somme, les technoprophètes annoncent l'apocalypse technologique – ici au sens de « catastrophe » et non de « révélation » –, proposent de développer plus de technologie pour l'empêcher et contribuent en cela à la possibilité qu'elle advienne effectivement. C'est ce qu'on appelle une prophétie autoréalisatrice et c'est précisément pour contrecarrer cette apparente fatalité que les États doivent rapidement et fermement réguler le secteur.

Pour faire face à ces questions vertigineuses, une première étape consisterait, pour les pouvoirs publics autant que pour l'opinion, à admettre que l'humanité a pénétré dans un nouveau paradigme qui nécessite une évolution de notre façon de penser le monde. Ce mélange des genres, entre technoscience, politique et religion, est inédit dans l'histoire humaine et notre grille de lecture postmoderne n'est plus adaptée. Pour l'heure, il est difficile de dire si Peter Thiel a sa propre lecture du Livre de l'Apocalypse et pense sincèrement pouvoir sauver l'humanité d'un jugement divin ou bien s'il instrumentalise sciemment les Écritures pour endormir l'électorat chrétien – très influent en Amérique –, qui associe depuis quelques années déjà l'intelligence artificielle et les technologies de surveillance à l'Antéchrist, c'est-à-dire au mal absolu. Mais quoi qu'on en pense, ces considérations font désormais partie des termes du débat et le Vieux Continent va devoir s'en emparer pour se positionner de manière efficace et crédible face aux ambitions messianiques de l'Amérique. L'idéologie de la Silicon Valley est à la fois religieuse et politique, qu'on le veuille ou non.

En octobre 2024, dans un entretien donné à Reid Hoffman, le cofondateur de LinkedIn et d'Inflection AI, Bill Gates faisait lui aussi le lien entre l'intelligence artificielle et la foi, prophétisant l'avènement d'une nouvelle forme de croyances dans un avenir proche : « Si tout se passe pour le mieux dans le développement de l'IA, nous serons forcés de repenser la manière dont nous utilisons notre temps. Vous pouvez appeler ça une nouvelle religion ou une nouvelle philosophie. Les prochaines générations auront alors à se demander jusqu'où utiliser l'IA. (6) » Des déclarations de cette nature sont faites par les penseurs de la tech depuis les années cinquante (7), mais le fait qu'elles émanent aujourd'hui de personnalités aussi influentes et exposées que le fondateur de Microsoft n'est pas anodin. La tendance atteint même le milieu universitaire, pourtant traditionnellement plutôt enclin à la neutralité sur les questions religieuses : en 2023, Neil McArthur, professeur de philosophie et directeur du Centre d'éthique professionnelle et appliquée de l'université du Manitoba, appelait dans un article pour *The Conversation* à « célébrer l'arrivée du culte de l'IA ». Pour le chercheur, « malgré tous les risques qu'elle comporte, une religion basée sur l'IA a le potentiel de rendre le monde meilleur et plus riche », en offrant aux gens « une nouvelle source de sens et de spiritualité » (8).

La question de l'humain

Si elles peuvent susciter un certain malaise, ces déclarations aux accents transhumanistes ont néanmoins la vertu de nous rappeler les enjeux profonds de la révolution technologique en cours : la question du sens de nos vies, le mystère de la conscience, la définition du vivant, du sensible et de l'humain… En témoignent les propos du président de Microsoft AI, Mustafa Suleyman, à propos des « agents IA », ces systèmes intelligents autonomes considérés comme la prochaine étape majeure du développement de l'intelligence artificielle : « Nous ne devrions pas considérer l'IA comme un grille-pain ou même un smartphone, mais plutôt comme quelque chose de beaucoup plus riche, plus intime, émotionnellement engagé. Nous devrions la considérer, en bref, comme un nouveau type de compagnon. Nous nous sommes tous habitués à l'idée que l'IA pourrait améliorer notre productivité, mais nous devons réaliser que, parallèlement à cela, l'IA peut également être un soutien émotionnel. (9) »

L'IA, un compagnon sensible et un soutien émotionnel destiné à remplacer l'être humain ? Au fond, les questions philosophiques soulevées ici sont anthropologiques et font partie des principaux ressorts de l'évolution de notre espèce. Nous l'avons partiellement oublié, mais la religion a largement contribué à façonner notre civilisation en formalisant ses valeurs, en définissant ses lois et en lui suggérant une finalité transcendante. Alors, si des religions technologiques basées sur le culte de l'IA venaient à se substituer à cet héritage millénaire, quelles valeurs proposeraient-elles ? Quelles lois nous imposeraient-elles ? Quels buts conféreraient-elles à nos existences ? Les apôtres de Big Tech ne répondent pas réellement à ces questions, mais les technologies qu'ils développent conquièrent le monde à une vitesse fulgurante et conditionnent, jour après jour, l'avenir de l'humanité.

« Ce n'est pas la technique qui nous asservit, mais le sacré transféré à la technique », écrivait Jacques Ellul en 1973 dans un livre au titre évocateur et visionnaire, *Les Nouveaux Possédés*. Avec une remarquable lucidité, le philosophe nous invitait il y a déjà plus de cinquante ans à interroger notre rapport à la technique qui, d'un levier de progrès et d'émancipation, pourrait à tout moment se muer en un vecteur d'aliénation et d'oppression. La croisade technologique menée par les séides de Donald Trump révèle indéniablement les motivations religieuses qui animent les promoteurs de l'intelligence artificielle et, par là même, le risque d'idolâtrie qu'elle comporte intrinsèquement. À toutes fins utiles, rappelons que, dans son livre, l'apôtre Jean met en garde l'humanité contre le règne de l'Antéchrist, mais aussi contre un autre personnage : le faux prophète. Un personnage clé de l'Apocalypse censé séduire les foules par ses discours fallacieux et que Peter Thiel a, étonnamment, omis de mentionner.

1. Peter Thiel, « A time for truth and reconciliation », *Financial Times*, 10 janvier 2025.
2. « Apocalypse Now? Peter Thiel on Ancient Prophecies and Modern Tech », première partie, Hoover Institute, 18 novembre 2024.
3. « Part II: Apocalypse Now? Peter Thiel on Ancient Prophecies and Modern Tech », Hoover Institute, 6 décembre 2024.
4. Fabien Benoit, « Peter Thiel, l'homme qui voulait achever la démocratie », Usbek&Rica, 17 juillet 2018.
5. Marc Andreessen, « The Techno-Optimist Manifesto », Andreessen Horowitz, 16 octobre 2023.
6. « Bill Gates on possibility, AI, and humanity », podcast de Reid Hoffman, 2024, https://youtu.be/KeGYI69sWvw?si=40mHYRAruAVV_o43.
7. Arnaud Alibert, « Derrière l'intelligence artificielle, de nouvelles croyances », *La Croix*, 6 novembre 2024.
8. Neil McArthur, « Gods in the machine? The rise of artificial intelligence may result in new religions », *The Conversation*, 15 mars 2023.
9. Mustafa Suleyman, « AI Companions Will Change Our Lives », time.com, 7 janvier 2025.

Clint Eastwood, une certaine idée de l'Amérique

Christian Authier

Au fil d'une carrière de cinéaste commencée en 1971 avec *Un frisson dans la nuit* et qui se prolonge encore de nos jours, Clint Eastwood n'a eu de cesse de poser son regard quasi exclusivement sur l'Amérique, ses valeurs, son histoire, sa culture. Il est d'ailleurs frappant de constater que lorsque le réalisateur s'aventure vers des horizons étrangers (l'Afrique du Sud post-apartheid avec *Invictus*, l'Europe et la France à l'heure des attentats islamistes avec *Le 15 h 17 pour Paris*), il signe ses œuvres les moins convaincantes. Eastwood est l'artiste le plus américain qui soit et ses films nous racontent naturellement son pays. Devant sa caméra, on a pu voir la guerre de Sécession, la conquête de l'Ouest et la naissance d'une nation, la Grande Dépression, la Seconde Guerre mondiale, l'Amérique de la ségrégation raciale, celle des années JFK, de la conquête spatiale, de la guerre en Irak de 2003… Certains sujets lui permettent d'évoquer de longues périodes. Ainsi, *J. Edgar*, autour de la vie de Hoover, directeur du FBI de 1924 à 1972, personnage tour à tour adulé, honni, redouté, y compris par les

Christian Authier est romancier, essayiste et journaliste. Il a notamment publié *À l'est d'Eastwood* (La Table ronde, 2003) et *Clint Eastwood* (Fitway Publishing, 2005). Dernier ouvrage paru : *Poste restante* (Flammarion, 2024).

présidents qu'il servait, déploie son récit sur un demi-siècle tout en tissant des correspondances avec les peurs et les névroses américaines de l'après 11-Septembre.

Démythification et idéalisme

Toutes ces époques ont été incarnées par une étonnante galerie de personnages riche en antihéros, en marginaux, en demi-solde et autres soldats perdus du rêve américain. Morts en sursis, cow-boys vieillissants, artistes maudits, flics tourmentés, gangsters en cavale, condamnés à mort, chasseurs de l'inutile, chanteurs de country tuberculeux, revenants, justiciers solitaires, vieilles badernes, journalistes paumés, mauvais pères, astronautes grabataires, boxeurs au bout du rouleau, vieillards misanthropes, snipers dépressifs : ces individus qu'il a mis en scène, et souvent interprétés, ne constituent pas une banale série de *losers*. Malgré la mélancolie, la dimension crépusculaire et le désenchantement qui nimbent les créatures d'Eastwood, chacune d'entre elles possède une capacité de renaissance et de rédemption. Voilà précisément l'un des secrets de l'artiste : il démythifie et réenchante dans un même élan. Il perpétue la croyance en des idéaux et des valeurs (la liberté, l'individualisme, la communauté...) tout en contestant radicalement les mythes fondateurs américains (la glorieuse conquête de l'Ouest, l'édification héroïque d'une nation...).

Ce balancement fait la richesse et la profondeur d'une œuvre comptant quarante longs-métrages de fiction, mais c'est d'abord la noirceur du propos et la peinture implacable de l'Amérique qui impressionnent. Eastwood se livre ainsi à une critique en règle des institutions – police, justice, armée, Église – tandis que même le président des États-Unis n'échappe pas au jeu de massacre. Réalisé en 1996, *Les Pleins Pouvoirs* dépeint le locataire de la Maison-Blanche en pervers sexuel et en assassin usant des services secrets pour masquer son crime. Trois ans plus tard, *Jugé coupable* s'attaque au système judiciaire et carcéral à travers le cas d'un jeune Noir condamné à mort pour un crime dont il est innocent. Le *happy end* consacrant ces deux films relève plus du conte ou de la fable que du réalisme (le condamné est sauvé quelques secondes avant l'injection létale...) et ne fait qu'accentuer la force pamphlétaire du propos. D'autres fois, le rêve américain tourne au cauchemar. On songe, par exemple, à *Un monde parfait*, relatant la cavale au Texas d'un gangster ayant pris un enfant en otage, quelques semaines avant l'assassinat de JFK, film qui assume son pessimisme absolu jusque dans un titre terriblement cruel à l'aune du monde féroce qu'il désigne.

Dans nombre de films d'Eastwood, la loi et la justice sont bafouées, y compris par leurs représentants. À la corruption des institutions et des élites répond une violence légitimée par la liberté du port d'armes inscrite dans la Constitution. Fondement de la nation américaine, cette violence est perpétuellement désacralisée par le cinéaste qui décrit un pays souvent défait, miné de l'intérieur, en guerre avec lui-même. La démythification de la violence est portée à son paroxysme dans *Impitoyable*, western balayant la légende de l'Ouest faite de duels héroïques et de cow-boys immaculés. Ici, tout n'est qu'arbitraire et sauvagerie. Ce pays en voie de construction ne semble être le fruit que d'une succession de meurtres, de lynchages, de massacres et d'exécutions minables prolongeant le tableau dessiné dans *Josey Wales hors-la-loi* quinze ans plus tôt. *Impitoyable* dévoile une violence indécente, grotesque, sordide, exercée dans la lâcheté et la cruauté non par des justiciers ou des hommes en légitime défense, mais par des tueurs attirés par l'argent, par un shérif dévoyé et sadique, par des cow-boys sans pitié, par des prostituées prêtes à déclencher un massacre pour venger l'une d'elles, qui n'avait rien réclamé.

Nulle surprise à ce que la guerre soit au cœur du cinéma d'Eastwood et qu'il se livre sur ce thème aussi à une entreprise de démolition de certaines représentations patriotiques propagées entre autres par Hollywood. En 1986, dans *Le Maître de guerre*, il met en scène un sergent instructeur d'un régiment de Marines (qu'il interprète), vétéran des guerres de Corée et du Vietnam, qui va mener ses hommes à l'assaut de l'île de la Grenade. Sous le vernis de la satire, cette vision presque abstraite d'un conflit post-moderne – prémices des guerres préventives, humanitaires et chirurgicales à venir – défie le nationalisme et le militarisme des années Reagan sur son propre terrain : l'héroïsme et le courage, valeurs démobilisées par l'époque au profit de la technique et du simulacre. Un autre épisode, plus tragique et plus important, fournit la matière du diptyque que forment *Mémoires de nos pères* et *Lettres d'Iwo Jima,* revenant sur la célèbre bataille de la guerre du Pacifique. Les deux films, sortis durant la seconde présidence de George W. Bush, relatent l'événement du point de vue américain puis du point de vue japonais. Une histoire officielle (mensongère et mise en scène par la propagande) va servir l'effort de guerre des États-Unis tandis que les Japonais se sacrifieront jusqu'au dernier dans un baroud d'honneur suicidaire. La guerre n'est ici jamais glorifiée ni esthétisée. Elle est exposée dans toute sa laideur sans céder aux sirènes d'un pacifisme de confort. Eastwood rend hommage aux soldats, y compris aux Japonais, sans être dupe sur la responsabilité de ceux qui les ont envoyés à la mort. Ce qui explique qu'il condamna l'intervention militaire américaine en Irak menée par les néoconservateurs républicains. La guerre d'Irak de 2003 est précisément le cadre d'*American Sniper*, adapté de l'autobiographie de Chris Kyle. Le film retrace la vie de ce tireur d'élite des Navy Seals, qui, lors de missions effectuées en Irak, abattit 160 personnes – chiffre reconnu officiellement et qui fit de Kyle le sniper le plus efficace de l'histoire de l'armée américaine, tandis que le soldat revendiquait 255 victimes… Qui était Chris Kyle ? Un petit gars du Texas, ayant grandi dans le culte de Dieu, de la famille et de la patrie, qui voulut devenir cow-boy et qui finalement s'engagea dans l'armée après le 11 septembre 2001. Devenu un héros national grâce à ses « exploits », Kyle ne reconnaissait dans ses mémoires et ses interviews qu'un seul regret : ne pas avoir descendu plus de « sauvages ». Rendu à la vie civile, il fut tué un jour de février 2013 par un autre ancien combattant qu'il aidait au sein d'une association de vétérans. Eastwood raconte cette histoire avec empathie et brutalité. Il nous montre un homme qui a sauvé la vie de nombreux soldats américains quitte à tuer en toute conscience des femmes ou des enfants. Une fois de plus, le metteur en scène filme avec puissance l'héroïsme et l'horreur de la guerre. Cette dernière s'incarne de manière poignante à travers des anciens combattants mutilés, des hommes qui meurent en ressemblant à des petits garçons, la douleur des veuves et des familles. *American Sniper* a des airs de western désenchanté et funèbre. On pense au « héros » d'*Impitoyable* lâchant : « J'ai tué des femmes et des enfants. J'ai tué à peu près tout ce qui marche ou rampe à un moment ou à un autre. » Aux États-Unis, le film séduisit autant Sarah Palin que Jane Fonda. Les « patriotes » aimèrent le portrait de ce défenseur de l'Amérique, les « pacifistes » aimèrent cette représentation de la barbarie fière d'elle-même.

Personne de plus américain que lui

Si Clint Eastwood ne croit pas aux mythologies américaines, il refuse d'en abjurer les idéaux et les rêves. Ce briseur d'icônes prend soin de préserver une part de sacré. Il ne crache pas sur le drapeau, mais il le pose au sol et en garde les étoiles. La bannière étoilée est d'ailleurs omniprésente dans ses films. Dans *Bronco Billy*, on découvre un chapiteau constitué d'un patchwork de drapeaux américains réalisé par les pensionnaires d'un asile psychiatrique. Sous ce chapiteau, une troupe de saltimbanques – composée de faux Indiens, d'un déserteur de la guerre du Vietnam, d'une divorcée en déshérence, d'un écrivain raté et de repris de justice – menée par un cow-boy de pacotille joue un spectacle autour du Far West légendaire, « le dernier symbole du rêve américain ». Cette quête des origines, entre enchantement et nostalgie, prend la forme d'un voyage au cœur d'une Amérique rurale de la fin des années soixante-dix peuplée de flics brutaux, de shérifs abusant de leur pouvoir, de bourgeois cupides, de péquenots bagarreurs et violeurs. Cependant subsistent des vertus intactes : la solidarité de la communauté, la force d'un individualisme qui n'oublie pas la fraternité, la volonté de défier la réalité, de conduire sa vie au nom de ses rêves. Le cinéaste appréhende dans un mélange d'idéalisme, d'affection, de lucidité et d'humanisme des êtres déterminés à ne pas abandonner leurs illusions et leurs croyances. Plutôt que de se référer à des idéologies ou à des grands principes aisément bafoués, Eastwood promeut des valeurs morales élémentaires, ce qu'Orwell nommait la *common decency*. On retrouve cette décence commune dans *Minuit dans le jardin du bien et du mal,* chez les habitants de la ville de Savannah, en Géorgie, étrange communauté vivant hors du temps et de la modernité, cultivant ses singularités et une grande tolérance, loin des clichés liés au Sud profond. À l'instar d'un John Ford ou d'un Frank Capra, Eastwood se fait le chantre de gens ordinaires que leurs valeurs morales et les circonstances transforment en héros. Dans *Sully* et *Le Cas Richard Jewell*, inspirés de faits réels, un pilote d'avion et un agent de sécurité sauvent des centaines de vies, mais manquent pourtant d'être broyés par le système (FBI, ministère de la Justice, commissions d'enquête, médias). Ce conflit entre « l'homme de la rue » (pour reprendre un titre de film de Capra) et les institutions est l'une des expressions de la sensibilité populiste (1) d'Eastwood ainsi que de son caractère profondément libertarien (2).

L'un de ses plus beaux films, *Gran Torino*, met justement en scène un personnage incarnant le parfait mariage entre populisme et libertarisme. Ancien combattant de la guerre de Corée, qui travailla dans une usine Ford durant cinquante ans, Walt Kowalski vient de perdre sa femme, mais la peine n'atténue pas sa misanthropie. Le jeune et sympathique curé auquel Mme Kowalski avait fait promettre de confesser son mari en fait les frais. Tout comme ses deux fils et ses petits-enfants, juste intéressés par la perspective d'un héritage prochain. Kowalski rumine sa solitude en sirotant des bières, à l'ombre du drapeau américain ornant sa terrasse, et en lustrant sa voiture de collection, une Gran Torino 1972. Seuls compagnons tolérés : sa vieille chienne, Daisy, et son fidèle fusil M1, qui l'aida autrefois à occire quelques « bouffeurs de riz ». Tout se passe bien pour ce grigou atrabilaire jusqu'au jour où une famille d'Asiatiques vient s'installer à côté de chez lui, dans cette banlieue populaire de Détroit désertée par les Wasp et toujours plus peuplée de minorités ethniques. De quoi décupler sa xénophobie… Mais plus encore que les étrangers, Kowalski déteste le désordre, et lorsque des membres d'un gang viennent menacer ses voisins, il met en joue les voyous et gagne l'encombrante reconnaissance des nouveaux venus, auprès desquels il va trouver une famille de substitution (figure récurrente chez Eastwood). Kowalski – qui n'entrevoit ses contemporains qu'à travers une grille sommaire (polaques, ritals, nègres, juifs, chinetoques...) – est un type bourré de préjugés. Kowalski est un homme courageux et honnête qui n'aime pas la violence ni l'injustice. Il n'est pas l'un puis l'autre, il est l'un et l'autre. Le film, sorti en 2008, ne montre pas une Amérique prétendument « post-raciale », chère à Obama et marchant vers la grande communion intercommunautaire, mais une Amérique en quête d'identité, forgée par la loi des armes et crispée sur ses territoires. « Américain, cela veut dire quoi ? », entend-on à un moment. Kowalski va, à travers ses actes, donner sa définition. Étranger dans son propre pays, cet homme anachronique, mécréant bravache taraudé par la culpabilité, anar idéaliste mais sans illusions, génialement campé par Eastwood, est le vestige d'une nation en pleine mutation.

Quant au « citoyen » Clint Eastwood, s'il a appelé depuis 1968 à voter pour les candidats républicains à l'élection présidentielle (à l'exception de celle de 1992, où il soutint le libertarien Ross Perot opposé à Bush père et à Clinton), avec des réserves envers Trump, il appuya des démocrates lors d'élections locales et ne présente pas le profil d'un républicain orthodoxe en étant favorable à un contrôle des armes, à l'avortement ou au mariage homosexuel. Surtout, il a toujours privilégié sa liberté d'artiste au-delà des convictions partisanes et du politiquement correct, en osant aborder des sujets qui fâchent comme la peine de mort ou l'euthanasie. De même, la peinture de la famille traditionnelle qu'offrent ses films est en général au vitriol, celle-ci apparaissant au mieux comme une prison (*Sur la route de Madison*), au pire comme le réceptacle des plus vils sentiments (*Mystic River*, *Million Dollar Baby*). Aux stricts liens du sang, le cinéma d'Eastwood substitue ceux du cœur, et ses films les plus personnels mettent en scène des couples ou des micro-communautés aux allures de familles recomposées, à l'instar du trio formé par un oncle, son jeune neveu et une jeune fille perdue dans *Honkytonk Man*. Sur ce chef-d'œuvre trop méconnu, Norman Mailer écrivait, en 1983 : « On se sentait pris de tendresse pour l'Amérique en le regardant. » L'auteur des *Nus et les Morts* ajoutait à propos d'Eastwood : « Peut-être n'y a-t-il personne de plus américain que lui. »

1. Le terme étant à prendre dans son acception américaine et non comme le qualificatif désignant en France l'extrême droite, voire l'extrême gauche insoumise.
2. Autre courant fermement enraciné aux États-Unis et méconnu chez nous, bien que les récentes élections de Javier Milei et de Donald Trump l'aient remis en lumière.

LITTÉRATURE

INÉDIT
AU FIL DE L'ENCRE

Robert Desnos : haïr la guerre, aimer la faire

Benoît Forgeot

Pendant la « drôle de guerre », le poète Robert Desnos est stationné sur la ligne Maginot, en Lorraine. Il avait été autorisé à passer les fêtes de la fin de l'année 1939 à Paris ; de retour dans son cantonnement, le 11 janvier 1940, il adresse une lettre (1) à son ami Henri Jeanson, lequel venait d'être emprisonné pour deux articles anciens. Le journaliste et dialoguiste de cinéma, vieux militant pacifiste, avait été en effet condamné le 20 décembre 1939 à cinq ans de prison pour « provocation de militaires à la désobéissance ». Marcel Achard témoigna en sa faveur. Il sera libéré en mai 1940, précisément quand la « drôle de guerre » prenait fin et que la guerre, nettement moins drôle, débutait véritablement en France. Jeanson fondera au mois de septembre le quotidien *Aujourd'hui,* auquel Desnos participera, une fois démobilisé.

Libraire à Paris, **Benoît Forgeot** est expert en manuscrits et livres anciens.

Pour l'heure, le sergent Desnos lui donne des nouvelles de son escapade parisienne, après des considérations personnelles sur le désastre en cours.

Il se désole de savoir son ami « en cage » et le félicite d'avoir demandé à partir sur le front.

Le poète si fantaisiste avoue à son camarade détester la guerre « en qualité d'homme », mais aimer la faire, puisqu'elle « est », en fonction d'une logique en forme de sophisme dont, hélas, l'avenir confirmera le bien-fondé : « Pour moi il y a la guerre, or si nous la perdons Hitler triomphe, or je hais Hitler et ce qu'il représente, donc je fais la guerre dans la mesure où on me demande de la faire avec la certitude qu'Hitler sera foutu en l'air. C'est simple. Il n'y a là ni orchestre, ni panache mais l'accomplissement d'une tâche, tâche médiocre en ce qui me concerne, mais tâche que je fais de mon mieux. »

En soldat sincère, il aimerait que les journaux suscitent un mouvement de civisme, mais « sans creux poncif, sans lyrisme déroulédien. Le malheur c'est que ces messieurs journalistes sont généralement bien cons et bien maladroits ». Il se félicite d'avoir revu ses amis, tous enfants du siècle comme lui, et qui lui resteront fidèles, outre son correspondant Henri Jeanson (né en 1900) : Marcel Achard (1899-1974) et sa femme, Juliette (1903-1978), l'actrice Catherine Hessling (1900-1979), modèle de Renoir et de Matisse, qui épousa le fils du premier, le cinéaste Jean Renoir, ou encore Samy Simon (1905-1988), journaliste, producteur à la radio et dramaturge, qui consacrera plusieurs émissions au souvenir de son ami Robert Desnos. Ceux-là le consolent de « la veulerie de quelques-uns de *[ses]* anciens petits copains », comprenez des surréalistes... Il ajoute, amer : « Ta cellule de la Santé vaut mieux que leur sale petit planquage. »

Contrairement à certains de ses « anciens petits copains » qui se réfugièrent à l'étranger – le « pape » lui-même, André Breton, passera paisiblement la guerre à New York –, Desnos résistera ; d'abord en poursuivant son activité journalistique, signant des articles courageux. Alors qu'*Aujourd'hui* est tombé entre les mains des collaborationnistes, après l'arrestation d'Henri Jeanson (2) en novembre 1940, dont la ligne éditoriale a déplu, il rédige ainsi une critique féroce et très drôle des *Beaux Draps*. Le texte lui valut un droit de réponse de Céline (3) tout en allusions ignobles. Dénonçant la « campagne philoyoutre » que le poète mènerait au sein du journal qui l'emploie, le pamphlétaire ajoute : « Que ne publie-t-il, M. Desnos, sa photo grandeur nature, face et profil, à la fin de tous ses articles ? La nature signe toutes ses œuvres – "Desnos", cela ne veut rien dire. » Autrement dit, son nom est un pseudonyme dissimulant ce que son profil dévoilerait... Fidèle à son ton ironique, il répondit à « Louis Destouches dit Louis-Ferdinand Céline » en signant : « Robert Desnos dit "Robert Desnos". » L'épisode ne lui vaudra pas licenciement du journal, mais on le sollicitera de moins en moins.

Après la rafle du Vél' d'Hiv', Desnos intègre le réseau de résistance Agir : il ne s'oppose désormais plus avec sa seule plume à l'occupant et ses sbires. Arrêté le 22 février 1944, il est incarcéré à Fresnes, puis à Compiègne. De là, il est déporté à Auschwitz fin avril, puis transféré à Buchenwald le 14 mai et à Flöha début juin. À l'approche des Alliés, il est évacué et se retrouve au camp de Terezín début mai 1945. Robert Desnos meurt le 8 juin, du typhus, à 44 ans, un mois après la libération du camp. Ironie de l'histoire, la *Revue des Deux Mondes* lui accorde une place en forme d'hommage exactement quatre-vingts ans plus tard, dans un numéro consacré à ceux qu'il a combattus.

Le 14 juillet 1943, dans le recueil *L'Honneur des poètes*, Desnos avait fait paraître sous le pseudonyme de Pierre Andier un poème dont le premier vers est un autoportrait, faisant écho aux confidences adressées à Henri Jeanson dans les premiers jours de 1940 :

« Ce cœur qui haïssait la guerre voilà qu'il bat pour le combat et la bataille ! »

« Sergent Desnos
1° Cie 436ème Pionniers
Secteur Postal 5947

Mon cher Henri,

Cela me peine de te savoir dans ta cage. Je trouve ta condamnation aussi absurde que les articles qui l'ont provoquée. On me dit que tu as demandé à partir pour le front et tu as bien fait. Je trouve ici un équilibre que je n'ai pas trouvé à l'arrière pendant ma permission. à mon avis si la DCA ou la D.P. sont une belle chose il n'en reste pas moins imprudent de faire vivre dans l'obscurité une population de citadins habitués à la lumière. Les Parisiens sont atteint *[sic]* de ténébrite.
Je ne te dirai pas que j'aime la guerre. Je la déteste en qualité d'homme mais puisqu'elle "est" j'aime la faire et je tiens à la faire. La recherche des causes ~~secondes~~ premières

m'intéresse aussi peu que les causes d'une maladie pour un médecin. Pour moi il y a la guerre, or si nous la perdons Hitler triomphe, or je hais Hitler et ce qu'il représente, donc je fais la guerre dans la mesure où on me demande de la faire avec la certitude qu'Hitler sera foutu en l'air. C'est simple.
Il n'y a là ni orchestre, ni panache mais l'accomplissement d'une tâche, tâche médiocre en ce qui me concerne, mais tâche que je fais de mon mieux.
ah ! si les journaux avaient une autre tenue quelle belle atmosphère de civisme on pourrait créer, sans creux poncif, sans lyrisme déroulédien. Le malheur c'est que ces messieurs journalistes sont généralement bien cons et bien maladroits. Ils ont fait leur ~~rhé~~ rethorique (h ? 2h ? ne sais plus) et ça se sent ! mon cher vieux Henri tâche de venir parmi nous. Tu serais sergent en moins de deux et on se rencontrerait au hasard d'une popote ou d'un cantonnement et ça me ferait bien plaisir.
Youki as *[sic]* du te dire ce que nous avons fait en permission. Je suis bien heureux d'avoir revu les Achard, les Simon, Catherine Hessling et notre Marion des bons et des mauvais jours et quelques autres. Ils m'ont consolé de la veulerie de quelques uns de mes anciens petits copains : comme ils ont l'air de t'emmerder. Ta cellule de la Santé vaut mieux que leur sale petit planquage. Mon vieil Henri je te dis à bientôt, je t'embrasse et je t'attends au coin d'un bois de Lorraine.
Robert »

1. Inédite, cette lettre porte le cachet de la censure militaire indiquant : « Les timbres-poste et les billets de banque sont rigoureusement interdits. » L'absurde d'une telle mention, près d'un siècle plus tard, aurait plu au poète. Elle figure aujourd'hui dans les collections des Hôtels Littéraires, que nous remercions de nous avoir autorisés à en dévoiler le contenu.
2. Henri Jeanson, décédé en 1970, a été forcé à démissionner du journal qu'il avait fondé. La publication est alors dirigée par Georges Suarez.
3. Ce droit de réponse exigé par Céline, et publié, signe la responsabilité de l'écrivain, lui déniant, une fois encore, la possibilité de plaider la naïveté ou l'anarchisme, comme ses amis l'ont souvent fait après la guerre. Dans le même ordre d'idées, en réaction à la critique par Desnos de sa traduction d'Edgar Poe, Pierre Pascal, rédacteur en chef de *L'Appel*, revue fasciste, adresse à *Aujourd'hui* et au poète une lettre d'injures, le déclarant « enjuivé, perdu de tout ». Il ajoute : « Tel vous étiez avant notre guerre. Votre défaite ne vous a pas permis de subtiliser la gloire que vos congénères et complices espèrent encore rapiner »... Il n'y manque rien : de l'allusion nauséabonde, du rejet de la communauté nationale (« notre guerre » souligné, comme « votre défaite »), jusqu'à la volonté de profiter, de « rapiner » la gloire.

Sergent Desnos
1° Cie 436eme Pionniers
Secteur Postal 5947

Mon cher Henri.

Cela me peine de te savoir dans ta cage. Je trouve ta condamnation aussi absurde que les articles qui l'ont provoquée. On me dit que tu as demandé à partir pour le front et tu as bien fait. Je trouve ici un équilibre que je n'ai pas trouvé à l'arrière pendant ma permission. À mon avis si la DCA ou la D.P. sont une belle chose il n'en reste pas moins imprudent de faire vivre dans l'obscurité une population de citadins habitués à la lumière. Les Parisiens sont atteints de ténébrite.

Je ne te dirai pas que j'aime la guerre. Je la déteste en qualité d'homme mais puisqu'elle "est" j'aime la faire et je tiens à la faire. La recherche des causes ~~secondes~~ premières m'intéresse aussi peu que les causes d'une maladie pour un médecin. Pour moi il y a la guerre, et si nous la perdons Hitler triomphe, et je hais Hitler et ce qu'il représente, donc je fais la guerre dans la mesure où on me demande de la faire avec la certitude que Hitler sera foutu en l'air. C'est simple. Il n'y a là ni orchestre, ni panache mais l'accomplissement d'une tâche, tâche médiocre en ce qui me concerne, mais tâche que je fais de mon mieux. Ah! si les journaux avaient une autre tenue quelle belle atmosphère de civisme on pourrait créer, sans vieux poncif, sans types me Déroulède. Le malheur c'est que ces messieurs journalistes sont généralement bien cons et bien maladroits. Ils ont fait leur ~~rhé~~ rhétorique ([illegible] ne sais plus) et ça se sent! Mon cher vieux Henri tâche de venir parmi nous. Tu serais sergent en moins de deux et on se rencontrerait au hasard d'une popote ou d'un cantonnement et ça me ferait bien plaisir. Youki a dû te dire ce que nous avons fait en permission. Je suis bien heureux d'avoir revu les Achard, les Simon, Catherine Hessling et notre Marion des bons et des mauvais jours et quelques autres. Ils m'ont consolé de la veulerie de quelques uns de mes anciens petits copains : comme ils ont l'air de s'emmerder. Ta cellule de la Santé vaut mieux que leur sale petit planquage. Mon vieil Henri je te dis à bientôt, je t'embrasse et je t'attends au coin d'un bois de Lorraine.

Robt

Carnets de New York VI
Un « état de siège auditif »

Michaël Ferrier

Au quatrième et dernier étage d'un petit immeuble de brique rouge, rempli de soleil et donnant sur des arbres, je vis à deux pas du canal de Gowanus, survolé par quelques mouettes piaillantes, dans une étonnante odeur de pétrole et de varech. Dans mon studio, dont le robinet fuit et dont le chauffage chante, j'entends le ramdam de l'été, le vrombissement des moteurs, la musique qui s'échappe des voitures en longs bandonéons sinueux, la cacophonie des bouteilles dans la poubelle à verre, les coups de sifflet brefs et stridents des arbitres sur les terrains de basket improvisés, les rires des enfants qui jouent en bas, un écho de pas qui résonne sur les marches en bois et, plus loin, au milieu des terrains vagues pleins de huées et de casques, un poste de radio qui diffuse une chanson de Gil Scott-Heron. Dans cette superbe demeure cernée par tous les sons de l'Occident, j'attends. J'écoute et j'attends. J'entends.

Michaël Ferrier est écrivain et essayiste. Dernier ouvrage publié : *Notre ami l'atome* (écrits cinématographiques, en collaboration avec Kenichi Watanabe, Gallimard, 2021). www.tokyo-time-table.com

Le son monte, c'est physique. Quand on habite au dernier étage, on les reçoit tous, ils s'élancent dans les airs, grimpent le long des parois, à la verticale toute, trouvent l'ouverture d'une fenêtre, là-haut, juste en dessous de la corniche du toit : alors, ils se ruent dans la pièce, rampent sur les murs et déferlent sur le canapé d'où je trace ces lignes, ils déboulent dans l'oreille et vous frappent directement au cœur et au cortex. Les bruits en points d'exclamation (la mitraille métallique du métro qui fracasse les rails au-dessus de la tête), d'interrogation (le frottement d'un skate-board qui vous frôle sur le trottoir), de suspension (le sifflement du système hydraulique du bus lorsqu'il ralentit)... toute la ponctuation de la ville qui ne dort et ne se tait jamais. Car pour décrire New York, il faut ouvrir les écoutilles, dresser les pavillons, prêter l'oreille. Et un organe essentiel : le tympan.

*

Le 2 juillet 1905, un journaliste du *New York Times* lance une expression promise à un bel avenir, en intitulant son article : « La ville la plus bruyante du monde. » Le texte en question incrimine pêle-mêle « les trolleybus, l'industrie de la chaudronnerie, les routes surélevées, les rames de métro, les sirènes du port et divers sifflets à vapeur, les machines à riveter, les camions chargés de plaques de fer et de rails d'acier, les chariots à lait qui percutent les trottoirs aux petites heures du matin, les orgues de Barbarie, les phonographes à mégaphone, les avertisseurs sonores des voitures, les sérénades grinçantes, les brocanteurs hurlants, les marchands ambulants munis de clochettes de vache, les cloches fêlées qui sonnent jour et nuit dans les églises et les chapelles ». Puis il conclut d'une formule superbe : « Si, comme le dit un spécialiste des nerfs, le tumulte est la fumée du bruit, la métropole du XXe siècle peut se résumer à un feu de joie sonore qui se propage rapidement au-delà du contrôle de tout extincteur ordinaire. (1) »

Un siècle plus tard, c'est toujours la première chose qu'on remarque dès qu'on pose le pied sur le tarmac. Le hourvari des hélicoptères, la jacasserie des ambulances, le brouhaha des voitures de pompiers, le bruit, le bruit, toujours le bruit, la cohue des bennes et des grues, le hoquet du marteau sur le fer – et puis, plus subtil, ténu, émouvant, le souffle d'un flocon de neige qui tombe sur mon épaule, à l'angle de la Première Avenue et de la 17e rue, où Dvořák composa la *Symphonie du Nouveau Monde*.

Ça commence dès qu'on arrive, le tournoiement des sirènes. Les sirènes sont la signature sonore de la ville. Elles en forment la trame et en constituent même pour ainsi dire la texture. Dans les films : dès que vous entendez une sirène, c'est New York. Vieux truc de scénariste. Mais, plus profondément : elles vous informent, avec fracas, que vous venez d'entrer dans une cité en état d'alerte.

Ici, les rames de train dévalent comme des éboulements. Les ambulanciers hurlent comme des déments. Ici, chaque son est plus fort, plus haut, plus grand, plus brillant. *Express tracks*. Plus assourdissant, plus clinquant. *Full speed.* Le feulement des camions, le vrombissement des camions, le rugissement des camions. Quand ils freinent, c'est terrible : un crissement qui déchire l'air et fend la rue en deux. Et quand ils accélèrent, c'est encore pire : le mugissement d'un animal à l'agonie. Il n'y a guère que lorsqu'ils sont à l'arrêt qu'ils sont un peu plus discrets : le teuf-teuf du moteur, un halètement d'ours en rut. Mais ils ne sont jamais à l'arrêt. Ou alors ils sont en panne, et c'est une escouade de garagistes qui s'affaire, qui éructe, qui ahane, qui s'invective. Ici, on n'en a jamais fini avec le bruit.

Les écrivains ne s'y trompent pas. Kafka, qui n'y est pourtant jamais allé – mais qui s'est énormément documenté pour lui consacrer son premier roman, *Amerika* –, a tout compris de cette rumeur inhumaine, en décrivant des chaussées et des trottoirs « balayés à tout instant par un vacarme changeant de direction comme un vent tourbillonnant et semblant être un élément inconnu qui n'était pas causé par les hommes » (2). Quant à Cendrars, qui lui consacre aussi son premier poème, il profite de ce grabuge pour faire entrer la poésie française dans la modernité :

« Déjà un bruit immense retentit sur la ville.
Déjà les trains bondissent, grondent et défilent.
Les métropolitains roulent et tonnent sous terre.
Les ponts sont secoués par les chemins de fer. (3) »

En bon poète, Cendrars voit tout de suite le nœud du problème : les transports. De l'introduction des chemins de fer surélevés dans les années 1870 à l'aménagement de pas moins de trois aéroports internationaux – Newark, LaGuardia, JFK –, qui alimentent une nuée de bourdonnements incessants, en passant par tous les engins de construction de ce chantier permanent, le dynamisme de New York se paie d'une véritable frénésie acoustique. En haut, en bas, sur terre et sous terre, en mer, dans les airs : le remue-ménage est partout. Dès 1930, le rapport de la commission de réduction des nuisances sonores le dit de manière savoureuse : « Il existe de nombreux endroits où un tigre de Sibérie ou du Bengale pourrait rugir ou grogner indéfiniment sans attirer l'attention auditive des passants. »

La ville dispose de surcroît d'une disposition spatiale très particulière, avec ces grands immeubles juxtaposés le long de rues étroites qui amplifient considérablement les nuisances sonores en les réverbérant tout au long des façades. À ma connaissance, c'est Morand qui, pour la première fois, compare cette topographie à celle des canyons : « Le canyon du bas

Broadway a ce bruit spécial des rues à gratte-ciel qui sont plus creuses, plus chantantes que les autres. (4) » New York préhistorique et moderne à la fois : dans cette configuration pareille à celles de cavernes rocheuses, le moindre klaxon produit une détonation semblable à un coup de canon.

La municipalité a depuis longtemps tenté de combattre ce fléau : en 1972, elle est une des premières à adopter un « code de contrôle » (*New York City Noise Control Code*), qui décrit suggestivement le niveau ambiant comme… « un état de siège sonore » (5). Le vocabulaire choisi est éloquent : le bruit, c'est la guerre. Les alarmes de voiture, intempestives et omniprésentes dans les années quatre-vingt-dix, ont ainsi disparu lors de l'opération Soundtrap, quand des inspecteurs du Département de l'environnement alliés à des officiers munis de sonomètres patrouillaient dans les rues : une véritable police acoustique. Le 9 mars 2003, c'est la fameuse ligne téléphonique 311 qui sera activée, suscitant une salve de plaintes contre ce chaos permanent (environ 750 000 par an !).

Malgré cela, on estime encore aujourd'hui que 9 adultes sur 10 à New York sont exposés à des niveaux de bruit excessifs. La lutte continue, s'amplifie, se modifie : depuis 2018, une équipe de scientifiques de l'université de New York a mis en place une initiative d'un nouveau genre pour comprendre et lutter contre la pollution sonore. Il s'agit d'un « système cyber-physique », faisant à la fois appel à des capteurs et à des citoyens engagés, réseau hybride fournissant en permanence une description détaillée de l'environnement acoustique. L'équipe comprend des experts en dispositifs d'écoute, en médias numériques, en analyse et visualisation de données. Connu sous le nom de *Sounds of New York City* (Sonyc), « le projet – qui implique une surveillance du bruit à grande échelle – s'appuie sur les dernières technologies d'apprentissage automatique, l'analyse des mégadonnées et les rapports scientifiques citoyens pour surveiller, analyser et baisser plus efficacement les niveaux de pollution sonore urbaine » (6).

*

À cette époque, sans y inclure consciemment le même engagement civique, cela faisait longtemps que New York était pour moi un fabuleux terrain de jeux auditif. Ma méthode était plus rudimentaire que celle du projet Sonyc : pas d'enregistreur ultra-perfectionné ni d'application téléphonique dernier cri, mais un simple carnet à spirales et un stylo : je prenais un bus au hasard et, toute la journée, j'errais de chuintement en déflagration, je me promenais par le son.

Rien ne vaut la découverte acoustique d'une cité, surtout dans le cas de New York. Chaque quartier y a son propre langage, son propre univers phraseur ou phonique, son contexte retentissant. Je m'arrangeais pour m'éloigner du babil bien connu de Manhattan (Times Square et son déluge de publicités clinquantes, scintillantes comme du cristal) pour me diriger vers des agglomérations moins prévisibles, comme East Harlem South et son mélange insolite de salsa et de rap, ses clubs de boxe où se livrent de petits halètements punchés, rythmés par le caoutchouc du sac de sable et le cuir des gants. J'aimais aussi Hamilton Heights, ses cavalcades d'enfants pendant la journée, ses ribambelles d'ivrognes la nuit venue, ou certaines rues de Flatbush, bondées de foules incontrôlables et de grosses voitures tournant au ralenti, haut-parleurs pulsant par la vitre ouverte des basses terrifiantes.

De même, j'évitais les grandes avenues *noisy and busy*, où se répète indéfiniment le tapage creux de la croissance urbaine (marteaux-piqueurs, pilonnages commerciaux…), pour me laisser glisser dans les *cross streets*, les ruelles de traverse et leurs ambiances beaucoup plus variées (flip-flap des cartes à jouer, alternant avec les petites intonations joyeuses et arnaqueuses des joueurs de bonneteau sur un trottoir du Bronx, tandis que par une fenêtre s'échappe une comptine en langue haïtienne…). Le *soundscape* était parfois très marqué ethniquement, mais sans jamais se réduire à une écoute racialisée : les cancans blancs, feutrés et embourgeoisés de West Village ou d'Upper West Side (cliquetis des pattes de chiens sur le bitume, apitoiements énamourés des propriétaires) contrastaient avec les joueurs de tambour du parc Marcus Garvey et les vendeurs africains du Malcolm Shabazz Harlem Market, sur la 116e rue, et les programmes radio en cantonais des épiceries de Mott Street, à Chinatown, mais New York s'y entendait aussi à merveille pour brasser une fanfare italienne et des instruments traditionnels chinois ou les Hare Krishna des prosélytes religieux dans le même pâté de maisons.

Peu à peu, j'en arrivais à une écoute de plus en plus fine. J'aimais particulièrement le joyeux tintamarre des ponts, notamment celui de Carroll Street, l'un des quatre ponts rétractables qui restent aux États-Unis, et le plus vieux d'entre eux (il date de 1889). C'est une travée d'une trentaine de mètres soutenue par une paire de poutres en tôle d'acier rivetées sur une chaussée pavée. J'aimais sa couleur bleu de France et la petite maison de l'opérateur, située sur le trottoir à l'extrémité ouest. J'aimais quand il s'ouvrait pour laisser passer les bateaux puis qu'il se refermait pour les véhicules : Carroll Street Bridge est le seul pont en bois de New York à autoriser le passage des voitures, qui le traversent à grande vitesse dans un clapotis magnifique, très différent de celui des ponts en acier. Tandis que les structures métalliques ont tendance à propager le son en faisant exploser puis en pulvérisant les niveaux sonores en un cortège de grincements, l'impact des pneus sur le bois rend un son plus mat, plus amorti : quand les températures sont élevées, le bois se rétracte et fait entendre plusieurs petits craquements très secs, qui s'intensifient vers le milieu de la journée ; au contraire, quand le taux d'humidité est élevé, le bois gonfle et ce sont des cascades de frottements et de chuchotis jusqu'au soir. Je pouvais, à l'oreille, savoir quelle heure il était, à n'importe quel moment de la nuit ou de la journée.

Je prêtais aussi attention à toutes les minuscules brindilles d'atmosphère qui font véritablement une ville, à la lisière ou même en dessous de notre seuil de perception : gargouillis des éviers, ronronnements des climatiseurs... Je peux dire que l'un des bruits les plus représentatifs – et les plus méconnus – de New York, le plus présent et en même temps le plus fantomatique de ce que l'on pourrait appeler sa plomberie intime, est celui des radiateurs. Que le raffut provienne du chauffage central de l'immeuble ou d'une chaudière dans leur sous-sol, les New-Yorkais savent de quoi il s'agit lorsqu'on parle de radiateurs qui cognent. Un ingénieur de Con Ed (7) m'a un jour révélé l'origine de ce claquement de ferraille, que la plupart des habitants connaissent sans pouvoir l'expliquer : pour gagner les étages supérieurs, la vapeur doit remonter dans un réseau de tuyaux un peu semblable à un circuit automobile, saturé de courbes et de virages. Elle se condense alors parfois sous forme de gouttes d'eau, que les techniciens appellent les « limaces voyageuses » : ce sont elles qui, à chaque tournant un peu raide, font entendre ce petit choc sourd. Le chant du radiateur est l'âme de New York, au sens où un violon ou une contrebasse ont une âme, ce minuscule morceau de bois qu'on met directement sous le chevalet, dans le corps de l'instrument, pour en fortifier le son... Cling, clong, clang – pareil à un battement de cœur erratique, il vous réveille et vous rappelle d'un seul coup où vous êtes dans la ronde des fuseaux horaires : à New York, en plein cœur de la nuit.

Pendant des années, j'ai ainsi développé une écoute flottante de la ville, attentif à ses symphonies singulières, sa rythmique particulière, ses cadences répétitives comme ses récitatifs improvisés et ses coups de cymbales, notant dans mes petits carnets les différentes coloratures de ce gigantesque opéra. Hypertension, anxiété, nervosité, maux de tête et privation de sommeil, rien n'y faisait... Je passais outre la dégradation sensible et violente de la qualité de vie, due au bruit sous toutes ses formes dans la métropole la plus assourdissante du monde, pour retrouver cette ronde de particules qui entrent en communication et en résonance de manière complètement aléatoire et produisent un ensemble de sensations, d'émotions, complexes, confuses, contradictoires, mais que l'on pourrait toutes résumer par une phrase : je suis vivant.

1. « New York the Noisiest City on Earth », *The New York Times*, 2 juillet 1905 (je traduis).
2. Franz Kafka, *L'Amérique* ou *Le Disparu* (1914, inachevé, publication posthume en 1927), traduit par Bernard Lortholary, Flammarion, 1988.
3. Blaise Cendrars, *Les Pâques à New York* (1912), dans *Poésies complètes avec 41 poèmes inédits*, Denoël, 2001.
4. Paul Morand, *New York*, Flammarion, 1930.
5. Cité par Barbara Kirshenblatt-Gimblett, « Street life », *in* Kenneth T. Jackson (éd.), *The Encyclopedia of New York City*, seconde édition, Yale University Press, 2010, p. 1252 (je traduis).
6. https://wp.nyu.edu/sonyc (je traduis).
7. Consolidated Edison, Inc., grande société du secteur de l'énergie aux États-Unis, qui fournit environ trois millions de New-Yorkais en électricité et en gaz.

Jean-Jacques Annaud, l'homme du désir

Judith Sibony

« Je vais rencontrer Jean-Jacques Annaud.
– Le réalisateur de *L'Ours* ?
– Oui !
– Ahhhhh ! »

Il faudrait pouvoir faire entendre ce « ahhhhh ! » plein de tendresse enfantine, cri du cœur d'une amie de mon âge – quadragénaire et haut fonctionnaire –, quand je lui ai parlé du cinéaste. Pour les gens de ma génération, le simple nom de Jean-Jacques Annaud suffit à évoquer une sorte de vert paradis enchanté. Nous venions de naître quand il a réalisé *La Guerre du feu*. Nous avions 8 ans quand il a sorti *L'Ours*. Nous étions adolescents quand il a dirigé Brad Pitt dans *Sept Ans au Tibet*… Sans parler de *L'Amant* et du *Nom de la rose*, qui n'étaient pas de notre âge et furent d'autant plus marquants.

Tout un programme de cinéphiles heureux.

Or, je l'ai découvert lors de notre rencontre, c'est précisément cela, le principe de Jean-Jacques Annaud : prendre et donner du plaisir ; dans le sens qu'on voudra.

Une sagesse qu'il applique au cinéma et à la vie, comme en témoigne ce qu'il confie sur son adaptation de *L'Amant*, sortie en 1992 : « Je voulais faire un film sur l'éveil de la sexualité féminine parce que j'avais trois filles qui se bouchaient les oreilles dès qu'elles entendaient parler de ce sujet »,

Judith Sibony est écrivain, journaliste et réalisatrice.
judithsibony@gmail.com

raconte-t-il avant de résumer joliment, et non sans jeu de miroirs, le rôle de l'homme-amant-cinéaste dans cette affaire d'éveil : « Il s'agit de créer le désir de l'autre et, si possible, si demandé, il s'agit de le combler. »

On ajoutera cette évidence : pour créer le désir, la première condition est d'en avoir.

« Les jeunes réalisateurs me demandent tous comment on fait un succès ; je réponds très simplement : soyez passionnés par votre sujet. Ils disent que les producteurs leur réclament des films qu'ils n'ont pas envie de faire. Là encore, la réponse est simple : ne les faites pas ! Est-ce que vous avez quelque chose à raconter ? C'est la seule chose qui compte. Sinon, mieux vaut faire de l'immobilier. » Parole d'ex-prodige de la pub qui gagnait très bien sa vie dès l'âge de 25 ans, mais préféra s'éloigner des affaires pour raconter ses propres histoires sur grand écran.

« Je recevais des centaines de commandes par an, se souvient-il, et je sentais que cette vie de metteur en scène de publicité ne menait à rien. » C'est alors, à la veille de la trentaine, qu'il fait une dépression ; « une vraie », insiste-t-il. « Je me suis mis à croire que j'avais un cancer généralisé et je ne sortais plus de ma chambre. Les réunions de travail avaient lieu au pied de mon lit ! »

Choisir de faire ce qu'on aime est toujours une sage décision. Et sans doute que les vrais sentiments sont réciproques, si l'on en croit certains succès du cinéaste dont les spectateurs se comptent toujours en millions (1).

Mais plutôt que de parler chiffres, parlons d'amour, puisque c'est le sujet qui s'imposa comme fil rouge de notre conversation. Assez vite, par exemple, Annaud m'a parlé d'une jeune khâgneuse helléniste, « belle comme une Brigitte Bardot miniature », dont il est tombé « fou amoureux » quand il étudiait à l'école Vaugirard (future école Louis-Lumière). Le jeune homme dînait tous les soirs chez les parents de sa fiancée, grands bourgeois intellectuels, qui recevaient notamment les plus illustres paléontologues de France et du monde. Pourquoi me parler si longuement de cette histoire ancienne ? m'étais-je demandé au départ. Tout simplement parce que c'est grâce à ce grand flirt que fut semée la première graine de *La Guerre du feu* dans l'esprit du futur cinéaste. Preuve que l'amour mène à tout. Surtout quand on a l'intelligence de se laisser guider par les femmes.

Tel est d'ailleurs le « vrai sujet » de cette *Guerre du feu* : « C'est un film féministe », confirme Annaud, ravi quand je souligne qu'à la fin de l'histoire, c'est la femme qui trouve la méthode pour faire jaillir l'étincelle pyrique tant convoitée.

On retrouve encore l'amour – dans le désordre – lorsque le cinéaste raconte l'origine de son premier film : *La Victoire en chantant*. Quand il avait 20 ans, l'étudiant avait découvert « l'Afrique » (comme il dit) à l'occasion de son service militaire, au Cameroun. « Dès que l'avion a ouvert ses portes, j'ai tout aimé, raconte-t-il. À commencer par le sourire des gens. Ce voyage m'a appris l'universalité de l'humain. Je n'ai rencontré que des gens accueillants et bienveillants dont je me suis senti plus proche que de mes amis de l'IDHEC. C'est aussi là-bas que j'ai découvert le rythme. Je me croyais grand mélomane mais je ne m'intéressais qu'à la mélodie. Or le rythme, c'est le cœur… »

Au terme de ses deux années de coopération, le jeune homme se fait une promesse qu'il formule en ces termes : « Si j'ai le bonheur de pouvoir faire un film un jour, il faut que je remercie l'Afrique de m'avoir transformé et bouleversé. » Promesse tenue en 1976 avec son premier long-métrage, campé dans une Afrique équatoriale en proie à des colons outranciers et ridicules.

Malgré son titre, le film est un échec en termes d'audiences, mais il remporte l'Oscar du meilleur film étranger, ce qui lance pour de bon la conversion du jeune pubard en cinéaste. Et surtout, cette récompense permet au trentenaire de réaliser son premier rêve d'artiste : rendre hommage au continent tant aimé. « Comme la Côte d'Ivoire avait financé le film à 51 %, c'est à elle que l'Oscar revenait, ce qui était un vrai bonheur pour moi », se souvient Annaud, très amusé à l'époque lorsqu'il entendait dire que la France avait perdu la course aux Oscars face à « un obscur film africain ».

À vrai dire, derrière chacun de ses quinze longs-métrages, il y a un sous-texte intime et tendre qui se dessine en filigrane comme sur un palimpseste. Nul hasard, sans doute, si cette image est chère au cinéaste, qui l'utilise pour définir l'un de ses plus grands films, *Le Nom de la rose*.

Fruit d'un coup de foudre du réalisateur pour le roman d'Umberto Eco, cette adaptation est, de fait, écrite par-dessus une histoire d'affinité intime. Comme le dit volontiers Annaud, ce projet fait écho à son véritable amour, depuis l'enfance, pour l'architecture médiévale et pour les lieux de culte, qu'il photographie avec passion depuis toujours. « Moi qui n'ai pas la foi, j'aime la foi des autres », résume-t-il en expliquant aussi son attirance pour la spiritualité d'Asie, qu'il met en scène dans *Sept Ans au Tibet* et *Le Dernier Loup*.

Autre palimpseste affectif : lorsqu'il a accepté la commande du film *Notre-Dame brûle,* sorti en 2022, Annaud a, consciemment ou non, relié ce projet à ses inclinations profondes, lui pour qui Notre-Dame fut longtemps la première image, symbolique, de Paris. Une fois par semaine, en effet, il prenait le train depuis Draveil jusqu'à la capitale pour se rendre à la Comédie-Française, où il était abonné, et cette cathédrale est le premier monument qu'il voyait en sortant de la gare. Par la suite, quand il a eu son premier appareil photo, les deux sujets vers lesquels il a d'abord tourné son objectif furent sa mère… et Notre-Dame.

C'est ainsi qu'un film-catastrophe de commande au budget faramineux peut être interprété comme la réécriture d'une histoire profondément personnelle. Ou comme le prolongement d'un geste d'enfant amateur – amateur étant l'autre nom de « celui qui aime ». Au fond, ne s'agit-il pas d'abord de filmer des choses parce qu'on les trouve belles ? C'est d'ailleurs ce que font plusieurs figurants dans *Notre-Dame brûle*, et c'est même grâce à cela, en regardant l'écran de leur téléphone, que ces personnages secondaires découvrent la fumée et l'incendie.

Filmer par amour, donc. Et filmer dans l'amour.

« Tout le monde est incroyablement gentil avec moi », déclare Annaud à propos des rencontres qu'il fait, depuis cinquante ans, lors de ses tournages aux quatre coins du globe. « Tout le monde » sauf la critique, ai-je pu constater en feuilletant les revues de presse de certains films, dont on voudrait lui ôter tous les mérites : trop anthropomorphe quand il raconte des histoires d'animaux, trop technicien quand il filme la nature, et surtout : trop populaire, de manière générale.

« C'est une vieille tradition franciscaine, observe-t-il tranquillement. Ici, on aime protéger les gens qui ratent. Ceux qui réussissent sont des ennemis… Je suis tout à fait pour aider les gens qui sont en difficulté, mais de là à vouloir essayer de fusiller ceux qui sortent la tête de la tranchée… »

L'image, terrible et nette, est digne d'un de ses films. Mais qu'on le veuille ou non, cet artiste français se distingue bel et bien. Outre ses nombreuses récompenses (un Oscar et trois César), il est acclamé par un public mondial, des États-Unis jusqu'en Chine, et la chose est suffisamment rare pour être relevée.

Au lieu de se dire que le succès est un vilain défaut, profitons plutôt de cette occasion pour en analyser un peu les rouages. Comment fait-on pour atteindre ce point si remarquable où convergent le regard d'un auteur et l'âme du grand public ? Cette question devrait tarauder quiconque prétend écrire et créer…

Au risque d'être accusée de mièvrerie, je dirais que le public aime ce qui est fait avec amour. Amour de l'artiste pour son sujet. Et amour pour les gens en général.

Voyez par exemple le premier succès d'Annaud, *Coup de tête* (1979), une comédie sur la mesquinerie de la vie provinciale. On a beaucoup dit que le film se moquait de l'univers corrompu du football, mais en réalité, ce qui meut tout le projet, c'est le plaisir de montrer comment un paria (superbement incarné par Patrick Dewaere), à la faveur de quelques buts marqués lors d'un match, devient soudain la vedette de sa ville, et peut ainsi se venger (mais en douceur, évidemment) de tout le mépris qu'il a reçu.

Autre leçon d'humanité inoubliable : le dénouement de *L'Ours* (1988), où les élans du cœur, chez l'ours puis chez le chasseur, l'emportent sur les réflexes de prédation. « Plus fort que le plaisir de tuer, il y a le plaisir de laisser la vie », peut-on lire sur l'écran final…

Et puis dans *Deux Frères* (2004), n'est-ce pas la fraternité des tigres qui l'emporte sur ce qu'on appelle, sans doute à tort, les pulsions animales ?

Quel que soit le sujet, Jean-Jacques Annaud assume pleinement son parti pris pour la tendresse, sans doute parce qu'il considère son propre parcours comme une succession d'heureuses rencontres et de chances.

À commencer par la chance d'être étrangement bien né : enfant unique et chéri d'une femme plutôt modeste qui faisait tout pour l'encourager à aimer les arts, et fils illégitime d'un grand patron dont il a découvert l'existence un peu tard, mais dont il a toujours eu, inconsciemment, la vague et stimulante intuition. Chance, ensuite, de rencontrer l'amour presque en toutes circonstances, même auprès de sa première professeure de français, qui le trouvait joli garçon, l'a initié au latin, au grec « et à bien d'autres choses plus importantes encore ».

De quoi devenir un humaniste convaincu.

« Je suis très conscient, dit-il, de la violence qui est en nous tous. Il n'y a qu'à regarder la façon dont les gens conduisent leur voiture… Or la dignité ne consiste pas à être plus brutal ou plus malin que les autres, mais à calmer la bête qui est en nous. Je crois que c'est ça qui fait la différence : essayer de mettre un peu de côté le sentiment de domination, la rapacité, les pulsions de violence… »

Si ces mots sont le sous-texte de ses films, on comprend que les gens qui ont vu *L'Ours* à l'âge de 8 ans émettent encore un « ahhhhh ! » plein de douceur enchantée lorsqu'ils entendent parler de Jean-Jacques Annaud.

1. Quelques chiffres, à titre indicatif : *La Guerre du feu* (1981) : 5 millions de spectateurs en France et 2 millions dans le reste du monde ; *L'Ours* (1988) : 9 millions de spectateurs en France et 8 millions aux États-Unis ; *L'Amant* (1992) : 3 millions d'entrées en France et 5 millions de $ de recettes aux États-Unis ; *Sept Ans au Tibet* (1997) : 2,8 millions d'entrées en France, plus de 130 millions de $ de recettes mondiales, dont 38 millions aux États-Unis ; *Stalingrad* (2001) : plus d'un million d'entrées en France, 51 millions de $ de recettes aux États-Unis.

ÉTUDES, REPORTAGES, RÉFLEXIONS

En Serbie, les étudiants sifflent la fin du règne d'Aleksandar Vučić

David Laufer

Le 1er novembre 2024, l'auvent de béton de la gare de Novi Sad, deuxième ville du pays, s'effondrait sur des passants. Le bilan définitif s'élève à quinze morts. Préalablement objet d'une rénovation complète, budgétée à 3 millions d'euros pour une dépense finale de 16 millions, la gare avait rouvert quatre mois plus tôt, le 5 juillet 2024. La nature de cet accident témoignait de négligences coupables lors des travaux, dont la corruption, endémique en Serbie, figure en première ligne. Depuis ce drame, les étudiants sont entrés en rébellion contre les autorités et mènent une grève strictement suivie dans toutes les universités et plusieurs lycées.

Ils peuvent compter sur une organisation spontanée des citoyens, qui leur assurent plus de 6 000 repas chauds par jour. En interne, ils tiennent des plenums où sont décidés démocratiquement les thèmes et les urgences du jour. Ces manifestations mobilisent une frange toujours plus large d'une population qui n'en peut plus des abus du régime en place. Après les étudiants, les agriculteurs, les chauffeurs de bus et de taxi, les avocats, les

David Laufer est choniqueur et écrivain. Il est notamment l'auteur de *Mon banquier m'a dit... Qui veut détruire la banque suisse ?* (Xenia, 2008).

ouvriers de plusieurs fabriques et même des policiers ont grossi les rangs des protestataires. On estime désormais qu'il s'agit des plus importantes manifestations estudiantines en Europe depuis 1968. Selon un sondage de février dernier, le soutien populaire aux étudiants avoisine les 80 %.

Leur stratégie consiste à ne pas exiger le départ du président, Aleksandar Vučić, même s'ils ne se privent pas de le brocarder. Ils se limitent à demander l'application régulière de la Constitution, la condamnation des coupables de la catastrophe de Novi Sad et la poursuite en justice des individus qui ont physiquement attaqué des manifestants. C'est pourquoi l'homme fort de Serbie – grand, devrait-on dire, il mesure quasiment deux mètres – n'a, à ce jour, trouvé aucune contre-offensive crédible. La démission du Premier ministre, le 28 janvier dernier, a été reçue dans une relative indifférence : c'était hors sujet. Du point de vue tactique, les manifestations sont encadrées par des étudiants délégués à la sécurité. Prenant soin de ne rien casser et de ne laisser aucun détritus derrière eux, les manifestants, presque tous les jours, respectent quinze minutes de silence, soit une minute par victime de la tragédie de Novi Sad.

Il y a toutefois dans ce soulèvement un paradoxe apparent. Car dans les faits, la Serbie de 2025 se porte beaucoup mieux que la Serbie de 2014, date à laquelle Aleksandar Vučić en a pris les commandes. Depuis 1991, le pays a subi plus de vingt ans d'isolement et de sanctions, non seulement pendant mais aussi après la sanglante dislocation de la Yougoslavie. Lors de la défaite de Slobodan Milošević aux élections de septembre 2000, le salaire moyen était de 98 euros, l'État était ruiné et le marché noir battait son plein. Les années suivantes ont été celles des promesses déçues, de la corruption, de la stagnation économique et des atermoiements de l'Union européenne.

Or depuis 2012 on a assisté à une renaissance économique considérable et à une remise à niveau des infrastructures. Pour citer quelques faits incontestables : le salaire mensuel moyen est passé en dix ans de 330 à presque 1 000 euros, plus de 300 kilomètres d'autoroutes ont été ouverts sur cette même période et plus de 180 kilomètres sont en construction. L'aéroport de Belgrade a été entièrement reconstruit par l'entreprise française Vinci. Des trains flambant neufs, achetés en Suisse, ont été mis en service sur de nouvelles lignes à grande vitesse, qui relieront bientôt la frontière macédonienne au sud à la frontière hongroise au nord. Dans les grandes villes, une explosion de la construction a vu le paysage urbain modifié et modernisé en profondeur, notamment avec le nouveau quartier Belgrade Waterfront, l'un des plus gros chantiers urbains en Europe. Le taux de croissance du PIB avoisine les 4 % pour 2024 et, selon la Commission européenne, sera d'environ 5 %, le plus musclé de tout le continent, pour les trois années à venir. De presque 20 % en 2014, le taux de chômage est tombé à 8 % en dix années et le taux d'emploi, à 56 %, n'a jamais été aussi élevé. Les investissements étrangers sont en augmentation constante, un grand nombre de sociétés internationales – Oracle, Microsoft, Bank of China, Ubisoft… – ayant choisi Belgrade pour installer leur siège régional.

Bourrages d'urnes et intimidations

Dans le sillage de la politique non alignée de Tito, et surtout depuis le début de la guerre en Ukraine, la Serbie de Vučić cultive une attitude pragmatiquement occidentale, et électoralement prorusse. Vučić achète des Rafale et cède d'immenses marchés publics à la France – aéroport, métro, usines de traitement des eaux. Il a également promis de livrer le lithium serbe à l'industrie automobile franco-allemande, lors d'une visite d'Olaf Scholz, l'ancien chancelier allemand, et du patron de Mercedes, ainsi que d'un représentant de Stellantis, en juillet 2024. Les mines serbes ont en effet le potentiel de couvrir 90 % des besoins en lithium de l'Europe, mais leur exploitation impliquerait, selon des experts indépendants, des dommages écologiques lourds dans la vallée du Jadar, en Serbie occidentale.

Soucieux de son électorat, le président reste néanmoins ferme sur son refus de voter les sanctions contre la Russie. De manière presque comique, il a « demandé pardon devant la nation serbe » après avoir récemment voté une résolution contre la Russie aux Nations unies. Et ses livraisons d'armes, pour plus d'un milliard de dollars, à l'Ukraine trahissent ses intentions véritables. Les intérêts russes en Serbie – chemins de fer, banques, agroalimentaire – ont tous été liquidés, et même la participation russe majoritaire dans l'entreprise publique d'hydrocarbures NIS est menacée de sanctions par Washington. Le président tire aujourd'hui les dividendes de cette politique : ni Macron, ni Merz, ni von der Leyen ne signalent le moindre soutien aux manifestants serbes, qui pourtant se battent pour des valeurs sensément européennes. Dans un exercice d'une hypocrisie qui n'étonne plus en Europe de l'Est, l'Union européenne est bien plus sensible à la stabilité économique qu'à la démocratie. Et Poutine soutient ouvertement le régime contre les étudiants, accusés d'être dirigés de l'étranger. Vučić peut en plus se réjouir de l'arrivée de Donald Trump, dont le beau-fils Jared Kushner prévoit d'investir 1,5 milliard de dollars dans un projet immobilier au centre de Belgrade. De plus, l'hostilité personnelle de Trump à l'égard du Kosovo s'est manifestée par des tweets assassins contre le Premier ministre, Albin Kurti, lors des élections de février dernier.

Pourtant, dans un exemple d'hubris assez banal, Aleksandar Vučić a poussé le zèle beaucoup trop loin. Cet ancien ministre de l'Information de Milošević s'est occupé à dynamiter, dès 2012, toute forme d'opposition politique interne. En quelques années seulement, son Parti progressiste serbe a emporté la majorité absolue au Parlement, la totalité des municipalités du pays et la gestion de toutes les grandes entreprises publiques. Au fil des années et de la montée de la gronde contre son régime, il ne se cache même plus de ses grossières subversions électorales : bourrages d'urnes, intimidations, électeurs fantômes, etc.

Parallèlement, Vučić a mené une OPA de grande envergure sur la presse, contraignant certains organes à changer de propriétaire pour devenir les obligés du pouvoir. Il n'a pas hésité à faire venir à ses meetings, mais aussi aux urnes, des bus entiers de retraités contre un don en nature de 20 euros et un sandwich. L'opposition parle désormais des soutiens de Vučić, essentiellement issus des campagnes et des catégories âgées, comme des « bouffeurs de sandwichs ». Et comme dans la totalité des régimes de cette espèce, le président a laissé se développer autour de lui une corruption hors de contrôle. Servi par une presse aux ordres, par des élus obligés et par toute une armée de sycophantes stipendiés, le régime est peu à peu tombé dans le piège de l'immobilisme défensif. Manifestation de masse après manifestation de masse – contre la violence, contre la corruption, contre l'exploitation du lithium –, Vučić a troqué son bureau pour un bunker et ne semble plus contrôler grand-chose. Son mandat est censé durer encore deux ans, qui désormais s'apparentent à une éternité. Finira-t-il même cette année au pouvoir, on peut en douter sérieusement : son assise populaire, autrefois solide mais déjà mise à mal lors des élections partiellement volées de décembre 2023, apparaît fatalement menacée par les troubles en cours. La manifestation du samedi 15 mars, la plus importante de l'histoire du pays, a réuni à Belgrade entre 250 000 et 350 000 personnes, selon diverses estimations, et probablement plus d'un million sur tout le week-end. Même si la traduction politique de ces manifestations tarde à se matérialiser, le désaveu pour le régime en place, lui-même héritier des années Milošević, est complet et définitif.

La place dans l'histoire de cet homme, qui sur les photos officielles dépasse d'une tête tous ses homologues internationaux, est difficile à appréhender. On pense au roi Alexandre Ier, qui a supervisé la remarquable modernisation de la Yougoslavie de 1918 à son assassinat, à Marseille, en 1934, mais qui a renvoyé le Parlement en 1929 et établi une dictature militaire. Vučić aura sans aucun doute été un président modernisateur. Sous son règne, la Serbie a connu un renouveau économique et diplomatique indispensable, se relevant de ses cendres et se rattachant résolument au bloc occidental tout en ménageant les sensibilités prorusses de son électorat. Mais comme son prédécesseur, il aura succombé aux sirènes du pouvoir discrétionnaire. La corruption massive qui en résulte aura finalement raison de ses ambitions. On lui souhaite une fin moins tragique que celle du roi, bien évidemment. C'est d'ailleurs la question centrale, qui se pose au pays tout entier : l'ampleur et la nature de ces manifestations indiquent que la Serbie est mûre pour se régir par l'État de droit et se libérer de la férule de ses autocrates. La succession d'Aleksandar Vučić, toute proche, sera le test ultime de cette mutation.

Comment les économies émergentes prennent le pas sur l'Occident

Annick Steta

En économie comme dans tant d'autres domaines, les événements majeurs passent souvent inaperçus. La fin de la domination des économies avancées n'a pas échappé à cette règle. En 2009, la crise ouverte par l'effondrement du marché des prêts hypothécaires à risque (les *subprimes*) concentrait l'attention des pouvoirs publics et des observateurs. Au même moment, la part des économies avancées dans le produit intérieur brut (PIB) mondial exprimé en parité de pouvoir d'achat (1) passait sous la barre des 50 %. Elle n'était plus que de 40 % en 2024, contre près de 65 % au début des années quatre-vingt-dix.

La montée en puissance des pays émergents est le principal facteur explicatif de ce phénomène. En l'espace d'un demi-siècle, ces États ont rattrapé l'essentiel de leur retard de développement en tirant parti de l'abaissement des barrières aux échanges internationaux. Après avoir été longtemps considérés comme de simples fournisseurs de matières premières ou de biens de consommation courante, certains d'entre eux sont devenus de redoutables concurrents pour les économies avancées. Les constructeurs automobiles américains, européens et japonais souffrent ainsi de la concurrence de leurs rivaux chinois, qui se sont imposés sur le marché des véhicules électriques.

Annick Steta est docteur en sciences économiques et diplômée de la Harvard Kennedy School.
annick.steta@alumni.harvard.edu

Sept pays se détachent des autres économies émergentes : la Chine, l'Inde, l'Indonésie, le Brésil, la Russie, le Mexique et la Turquie. Ce groupe a été baptisé « Emerging Seven » (E7), en référence au Groupe des Sept (G7) (2). Il a connu un essor spectaculaire lors des trois dernières décennies. En 1991, le PIB des pays de l'E7, exprimé en parité de pouvoir d'achat, représentait 35 % de celui du G7. Un quart de siècle plus tard, le PIB de l'E7 a dépassé celui du G7. Afin de mesurer les conséquences de cette évolution, le cabinet de conseil PricewaterhouseCoopers a entrepris à cette époque de faire des projections de croissance à un horizon de plusieurs dizaines d'années. Dans une étude publiée en 2017, il a estimé que le PIB de l'E7 pourrait atteindre le double de celui du G7 en 2040. La part du G7 dans le PIB mondial pourrait diminuer jusqu'à représenter moins de 10 % en 2050. Elle serait alors inférieure à celle de l'Inde (3). Ces projections reposent sur un modèle de croissance de long terme ainsi que sur des hypothèses d'évolution future des taux de change. Elles doivent être prises pour ce qu'elles sont : le produit d'une analyse rigoureuse, destiné à alimenter la réflexion et nourrir le débat. La pandémie de Covid-19 et ses conséquences économiques n'ont pas modifié les tendances mises en évidence en 2017 par l'étude de Pricewaterhouse-Coopers. Ses résultats ont depuis lors été corroborés par les travaux d'autres cabinets de conseil, think tanks et instituts de recherche économique.

Le modèle de croissance retenu par les auteurs de cette étude est cohérent avec les enseignements de la théorie économique : les économies avancées ont en moyenne une croissance plus faible que celle des économies en phase de rattrapage, en raison de la productivité marginale décroissante du capital. Lorsque le stock de capital progresse dans un pays qui en est faiblement doté, il permettra à ce pays d'augmenter fortement sa production. La productivité associée à un investissement en capital est donc plus élevée dans les pays pauvres et dans les pays à revenu intermédiaire que dans les pays riches. C'est pourquoi les principaux pays émergents devraient continuer à croître à un rythme soutenu. Dans le même temps, les économies avancées ne parviendront vraisemblablement pas à retrouver une croissance forte. Si ces deux éléments étaient vérifiés, six États de l'E7 seraient au nombre des dix premières puissances économiques en 2050 : la Chine (1re), l'Inde (2e), l'Indonésie (4e), le Brésil (5e), la Russie (6e) et le Mexique (7e). Seuls quatre pays du G7 resteraient dans la course : les États-Unis (3e), le Japon (8e), l'Allemagne (9e) et le Royaume-Uni (10e). La France ne serait plus que la 12e puissance économique mondiale, derrière la Turquie.

L'accession de la Chine et de l'Inde au rang de puissances économiques dominantes ne surprendra nullement ceux qui connaissent les travaux de l'économiste et historien britannique Angus Maddison (1926-2010).

Peu connu du grand public, Maddison a été le pionnier de la reconstitution de séries de données économiques sur très longue période. Il a inspiré la création en 1992 du Groningen Growth and Development Centre (GGDC), un centre de recherche de l'université de Groningue (Pays-Bas), dont les membres se consacrent à l'étude de la croissance économique de long terme. Maddison a montré que la Chine et l'Inde ont été jusqu'en 1820 les deux plus grandes puissances économiques du monde en raison de l'importance de leur population. Elles ont ensuite été supplantées par les pays occidentaux, qui ont mis au point des innovations permettant de faire décoller leur croissance.

Les révolutions industrielles successives reposant sur la maîtrise des énergies fossiles, la colonisation, les périodes de relance de l'activité correspondant aux guerres mondiales et aux phases de reconstruction, le développement des télécommunications, l'essor du transport et la baisse de son coût ainsi que les dépenses militaires liées aux conflits ouverts ou potentiels ont constitué les principaux facteurs explicatifs de l'expansion des économies occidentales de la fin du XVIIIe siècle au milieu des années soixante-dix. Depuis cette époque, le rythme de croissance de ces économies a ralenti. Les dirigeants des pays concernés ont multiplié les tentatives pour soutenir la production de richesses. Certaines initiatives étaient vouées à l'échec : ce fut le cas des politiques de relance d'inspiration keynésienne, qui sont impuissantes dans des économies ouvertes aux échanges internationaux et qui ne permettent pas d'élever durablement le niveau du PIB par habitant. D'autres furent mieux inspirées. Les politiques publiques visant à favoriser l'innovation ont produit d'excellents résultats dans certains pays. Aux États-Unis, par exemple, la Defense Advanced Research Projects Agency (Darpa) a identifié et financé des technologies de rupture destinées à conforter la supériorité militaire américaine. Ces technologies ont ensuite été transférées à d'autres secteurs d'activité. L'économiste Mariana Mazzucato a montré comment de grandes entreprises américaines se sont appuyées sur ces innovations pour concevoir leurs produits phares. Apple est une d'entre elles : l'iPhone associe plusieurs technologies initialement soutenues par la Darpa. Ironie de l'histoire : les produits Apple sont fabriqués en Chine et en Inde, les deux pays qui pourraient supplanter l'économie américaine d'ici à 2050.

Le soutien à l'innovation est une des priorités identifiées par Mario Draghi dans le rapport sur l'avenir de la compétitivité européenne qu'il a remis à Ursula von der Leyen en septembre 2024. L'ancien président de la Banque centrale européenne s'inquiète du décrochage de l'économie européenne par rapport à celle des États-Unis. Pour enrayer ce processus, il appelle à une relance de l'investissement public et privé destinée à financer un effort accru de recherche et développement et à accélérer la décarbonation de l'économie. La mise en œuvre de ces recommandations se heurte à de nombreux obstacles, au premier rang desquels figure l'absence de marges de manœuvre budgétaires significatives dans plusieurs États membres. Elle ne permettrait pas par ailleurs de pallier la principale faiblesse structurelle des économies européennes : la diminution de la population en âge de travailler. Celle-ci est due à la baisse du taux de natalité, dont les effets ne sont pas compensés par les flux migratoires.

Selon les projections démographiques sur lesquelles s'appuie le rapport Draghi, la population européenne continuera de baisser tout au long du XXIe siècle. Sa contraction sera moins marquée que celle de la population chinoise, qui pourrait culminer à 1,45 milliard d'habitants vers 2030 avant de décroître fortement. À l'opposé, la population américaine devrait continuer d'augmenter lors des prochaines décennies grâce à une natalité relativement élevée et au recours à l'immigration : selon les Nations unies, elle pourrait atteindre 421 millions d'habitants en 2100 contre 347 millions actuellement.

Le basculement de l'économie mondiale vers l'Asie

Grâce à une démographie dynamique et à une capacité d'innovation soigneusement entretenue, les États-Unis seront vraisemblablement le seul pays occidental capable de rivaliser avec les grandes puissances émergentes. L'Union européenne, qui ne dispose pas des mêmes atouts, risque fort d'être marginalisée. Sa situation géographique constituera un handicap supplémentaire : elle est très éloignée de l'Asie, futur cœur de l'économie mondiale. Les États-Unis bénéficieront quant à eux pleinement de leur façade sur l'océan Pacifique ainsi que des liens économiques, politiques et stratégiques qu'ils ont tissés avec les pays de cette région. Parmi les États de l'Union européenne, la France pourrait être un des mieux placés pour tirer parti de la croissance des économies asiatiques. Sa présence dans cette zone est ancienne. Elle compte plusieurs territoires d'outre-mer en Asie-Pacifique. Elle a de surcroît réussi à construire une relation apaisée avec les États issus de l'Indochine française. Or le Vietnam est le pays émergent qui devrait connaître la croissance la plus spectaculaire d'ici 2050 : à cette date, il pourrait être la 20e économie mondiale. Les rares « têtes de pont » européennes en Asie s'avéreront précieuses pour développer échanges et partenariats avec une région en pleine expansion.

Hors d'Asie, seuls quelques pays devraient parvenir à se hisser au rang de puissance économique émergente d'ici le milieu du XXIe siècle : quatre États d'Amérique centrale ou d'Amérique latine (Brésil, Mexique, Argentine, Colombie), trois pays du Proche-Orient (Turquie, Arabie saoudite, Iran) et trois États africains (Nigeria, Égypte, Afrique du Sud). Parmi eux, le Nigeria est celui qui pourrait connaître l'essor le plus rapide. Mais ce pays, le plus peuplé d'Afrique, dépend encore trop fortement de la rente pétrolière. Il lui faudra accélérer la diversification de son économie, développer ses infrastructures et renforcer sa gouvernance.

Sous l'effet de la diminution du poids des économies avancées, l'érosion de l'adhésion aux valeurs occidentales pourrait s'accélérer. Au XIXe et au XXe siècle, l'expansion économique des pays d'Europe et d'Amérique du Nord s'est accompagnée de la diffusion des valeurs caractéristiques de ces sociétés. Ces valeurs présentent deux traits saillants : elles font prévaloir l'individu sur la collectivité et le profane sur le sacré. L'intensification des échanges internationaux, l'essor des télécommunications et, plus récemment, l'apparition de médias et de réseaux sociaux au rayonnement mondial ont favorisé leur propagation. Le politologue américain Ronald Inglehart (1934-2021) a soutenu la thèse selon laquelle le développement économique se traduirait dans les pays concernés par l'adoption progressive des valeurs occidentales (4). Pour son collègue allemand Christian Welzel, l'accession à un niveau supérieur de richesse et de sécurité incite les individus à épouser des valeurs qu'il qualifie d'« émancipatrices » (5). Contrairement à eux, les sociologues Shmuel Eisenstadt et John Tomlinson pensent que les pays émergents tendent à mettre l'accent sur les valeurs qui leur sont propres.

De façon à disposer de données solides, Ronald Inglehart et Christian Welzel ont lancé en 1981 le World Values Survey (WVS), un projet international d'enquêtes sur les valeurs des individus. Le WVS repose sur l'administration de questionnaires destinés à révéler ces valeurs. Les sondés doivent par exemple dire s'ils jugent important que les enfants obéissent, s'ils estiment possible de faire confiance à la plupart des gens, ou encore s'ils accepteraient de signer une pétition. Les données recueillies sont organisées sous forme de nuages de points le long de deux axes. L'axe vertical permet de mettre en évidence le degré d'adhésion aux formes traditionnelles d'autorité. L'axe horizontal est quant à lui destiné à mesurer l'attachement des individus à un endogroupe (*in-group)*, c'est-à-dire à un groupe social auquel ils s'identifient.

Les vagues successives du WVS ont montré que les valeurs auxquelles adhèrent les populations des différents pays ont considérablement divergé lors des dernières décennies. La principale explication de cette divergence réside dans le rejet grandissant des valeurs émancipatrices caractéristiques des pays occidentaux à haut revenu par le reste du monde. Entre 1990 et 2023, les populations des pays européens et des États-Unis sont devenues plus individualistes et se sont éloignées des religions. Celles des pays asiatiques de tradition confucéenne sont restées marquées par un fort attachement à la collectivité ainsi que par une faible tolérance à l'égard des homosexuels et des minorités ethniques. Les pays orthodoxes, dont la Russie, ont renoué avec des modes d'organisation sociale très traditionnels au sein desquels l'appartenance à un groupe prime sur l'expression des individualités. Quant aux habitants des pays musulmans et africains, ils continuent d'accorder une grande importance à la religion et à la famille (6).

Pour les populations des grands pays émergents, le modèle économique et les valeurs occidentales sont de moins en moins attractifs. À mesure que ces États rattrapent le niveau de développement de l'Union européenne et des États-Unis, ils se détournent d'un mode de vie qui ne leur convient pas, voire qui les heurte. Cette évolution est lourde de dangers. Elle annonce tout d'abord un recul de la démocratie. Les populations attachées à des valeurs traditionnelles manifestent en effet une plus grande tolérance à l'égard des régimes autoritaires. Dans les pays orthodoxes et musulmans comme dans les États d'Amérique latine, le soutien à la démocratie ne cesse de s'éroder. L'instrumentalisation par le pouvoir politique du rejet des valeurs occidentales risque par ailleurs de porter les tensions internationales à un degré inédit depuis la veille de la Seconde Guerre mondiale.

Dans ce contexte, souligner la portée universelle de ces valeurs paraît vain. Alors que le monde nous tourne le dos, c'est à nous, et à nous seuls, de comprendre en quoi nous avons échoué. Le temps où nous pouvions imposer nos valeurs est définitivement révolu. Si nous ne voulons pas que d'autres nous imposent les leurs, il nous faudra recentrer notre modèle sur un nombre restreint de principes essentiels et faire la preuve de son efficacité.

1. La parité de pouvoir d'achat (PPA) est un taux de conversion monétaire qui permet d'exprimer dans une unité commune les pouvoirs d'achat des différentes monnaies. Ce taux exprime le rapport entre la quantité d'unités monétaires nécessaire dans des pays différents pour se procurer le même « panier » de biens et de services.
2. Le Groupe des Sept est un forum politique et économique intergouvernemental. Créé au milieu des années soixante-dix, il réunit les sept pays qui étaient à cette époque les principales puissances économiques du monde libre : l'Allemagne, le Canada, les États-Unis, la France, l'Italie, le Japon et le Royaume-Uni.
3. « The Long View. How will the global economic order change by 2050? », PricewaterhouseCoopers, février 2017.
4. Ronald F. Inglehart, *Cultural Evolution*, Cambridge University Press, 2018.
5. Christian Welzel, *Freedom Rising. Human Empowerment and the Quest for Emancipation*, Cambridge University Press, 2014.
6. « Western values are steadily diverging from the rest of the world's », *The Economist*, 3 août 2023.

Abonnez-vous à la Revue des Deux Mondes et économisez 91 €

BULLETIN D'ABONNEMENT

À compléter et à retourner accompagné de votre règlement
Revue des Deux Mondes - Service abonnements
20, rue Rouget de Lisle - 92130 Issy-les-Moulineaux

OUI, JE SOUHAITE PROFITER DE CETTE OFFRE (PAPIER + NUMÉRIQUE)

❍ Je m'abonne ❍ J'abonne un proche

1 AN (9 numéros)

❍ En France : 89 € au lieu de 180 €* ❍ À l'étranger : 129 € au lieu de 180€* ❍ Numérique : 75 € au lieu de 89,90 €*
❍ Étudiant : 65 € au lieu de 180 € (Joindre un justificatif)

2 ANS (18 numéros)

❍ En France : 165 € au lieu de 360 €* ❍ À l'étranger : 255 € au lieu de 360 €* ❍ Numérique : 145 € au lieu de 179,80 €*

MES COORDONNÉES

❍ Mme ❍ Mlle ❍ M.

NOM .... Prénom ....
Adresse ....
Code postal |_|_|_|_|_| Ville .... Pays ....
Tél. .... E-mail .... @ ....

LES COORDONNÉES D'UN PROCHE

❍ Mme ❍ Mlle ❍ M.

NOM .... Prénom ....
Adresse ....
Code postal |_|_|_|_|_| Ville .... Pays ....
Tél. .... E-mail .... @ ....

MODE DE RÈGLEMENT

❍ Chèque à l'ordre de la Revue des Deux Mondes

❍ Je scanne le QR Code et me rends sur le site de la Revue pour pouvoir régler mon abonnement en toute sécurité

** Prix de vente au numéro*
Conformément à la loi « Informatique et Liberté» du 6 janvier 1978, vous disposez d'un droit d'accès et de rectification aux données vous concernant. Par notre intermédiaire, ces données pourraient être communiquées à des tiers, sauf si vous cochez la case ci-contre. ☐

ARDMMAI2025 RCS PARIS B 622 057 586

CRITIQUES

Livres

Tchekhov dans les coulisses

Frédéric Verger

Aux éditions des Belles Lettres, dans une excellente collection dirigée par Jean-Claude Zylberstein, vient de paraître un recueil d'une vingtaine de petits récits que Tchekhov consacra au début de sa carrière aux acteurs et au monde du théâtre (1), et qu'a traduits, avec beaucoup de vie, Bernard Kreise. On y sent à quel point, avant de devenir un auteur dramatique, Tchekhov était fasciné par ce monde pour lequel il semble avoir éprouvé le mélange de tendresse et de cruauté qui fait la force de ces récits.

Dans leurs années de lycée, Tchekhov et son frère dessinateur et caricaturiste étaient déjà célèbres dans leur ville de province pour la drôlerie et la méchanceté de leurs portraits, et les récits de ce recueil adoptent ce registre. Attention aux idées reçues : la tendresse, l'empathie, l'humanité de Tchekhov sont bouleversantes justement parce qu'elles ne sont jamais mièvres et sentimentales mais partent d'une vision de la vie qui en saisit d'abord, et avec férocité, toute la bassesse et le ridicule. Cette disposition d'esprit d'abord acide et critique apparaît d'ailleurs dans un article plein d'humour, d'impertinence et d'intelligence, compte rendu d'une performance de Sarah Bernhardt à Moscou en 1881 à laquelle assista un Tchekhov de 20 ans qui avait déjà une conception bien arrêtée de ce que devrait être le jeu d'un acteur.

Les récits mettent souvent en scène de petits acteurs de province, au talent incertain, à la vie précaire, et dont les vanités, les petitesses de jalousie, l'ivrognerie, l'ignominie parfois, prêtent à sourire. Mais ces vanités fascinent Tchekhov. Elles sont la caricature d'une ambivalence de la nature humaine qu'il développera dans toute son œuvre : l'infime différence entre l'illusion ridicule et l'idéal sublime, le pathétique d'un amour pur et sincère de l'art chez un être sans talent.

Tous ces récits font apparaître aussi l'extraordinaire génie narratif de leur auteur. Il est faux de croire que les premiers sont encore grossiers ou malhabiles par rapport aux œuvres plus tardives. Ils sont simplement d'un registre différent : plus satirique, mais aussi plus expérimental, c'est-à-dire que le plaisir qu'on y prend vient de la façon dont Tchekhov joue pour ainsi dire avec son sujet, montrant au lecteur tout ce qu'on peut tirer d'une situation. On ne peut conseiller une meilleure lecture à un apprenti écrivain.

Chacun des récits pose un motif et s'amuse à en faire apparaître toutes les facettes. Le premier, *Elle et Lui*, pose ce motif : les portraits d'une chanteuse célèbre et de son mari, qui n'est que « le mari d'elle ». Tout le texte n'est qu'un jeu virevoltant de différentes versions de plus en plus féroces du portrait du couple, où la cruauté du langage s'épanouit en une sorte d'ivresse, et ces variations de caricatures culminent dans deux lettres où les deux époux eux-mêmes se critiquent l'un l'autre avec encore plus de férocité. Mais la chute épuise et renverse le motif : en dépit du mépris et du dégoût qu'ils éprouvent l'un pour l'autre, le mari aime la femme parce qu'elle se transforme sur scène et elle aime son mari sans savoir pourquoi. Ce texte de 1882, où la psychologie échoue à tout comprendre, est déjà un chef-d'œuvre.

D'autres récits jouent avec tous les renversements possibles d'une situation de départ, comme dans *Deux Scandales,* où un chef d'orchestre irascible s'en prend à une jeune chanteuse qui manque ses entrées sans savoir que c'est parce qu'elle est amoureuse de lui. La fin aboutira, après là aussi toute une série de variations délicieuses et logiques (cette alliance est le secret du plaisir que font naître ces récits de jeunesse), à une situation tout à fait opposée à la première mais d'une façon surprenante, et tout aussi délicieuse et logique, qu'on laisse découvrir au lecteur. Même principe et même plaisir dans *Le Baron*, histoire d'un acteur qui, après avoir rêvé de jouer Hamlet, est devenu souffleur et qui, dans son trou, finit par devenir un Hamlet sublime, mais trop tard, et sans que personne ne le sache.

Deux autres aspects du génie de Tchekhov. Le pur talent d'animation narrative capable de donner vie à un motif très simple : *Un drame*, histoire d'une dame qui vient lire sa pièce à un écrivain, une pièce si ennuyeuse que l'écrivain finit par tuer la dame. Pas de renversements ici, pas de variations, une simple idée, que tout le monde pourrait avoir, développée simplement, mais merveilleuse de notations, de rythme, de vie (Tolstoï, nous apprennent les notes, la conseillait justement car elle donne un exemple parfait, parce que très simple, de ce qu'est l'art). Et un récit, *Disparition d'un acteur*, histoire d'un vieil acteur en train de mourir dans sa chambre d'hôtel, où viennent le voir tous ses camarades, à qui il dit qu'il veut « retourner à Viazma ». La tonalité de ce récit annonce l'évolution du style : la dimension ébouriffante et ludique fait place à une simplification de la ligne narrative, à une épaisseur psychologique plus profonde où la cruauté lucide du regard et le pathétique de la situation se fondent en un parfait alliage.

1. Anton Tchekhov, *Elle et Lui. Nouvelles sur les acteurs et le monde du théâtre*, Les Belles Lettres, 2025.

Livres

Citizen Kane à la française

Michel Delon

Le réel peut dépasser la fiction. La vie d'Émile de Girardin vaut les intrigues à rebondissements de Balzac ou d'Alexandre Dumas, qu'il a su, l'un et l'autre, repérer et employer comme feuilletonistes. Une biographie (1) vient de paraître, nourrie de la correspondance pieusement conservée du personnage. Ce fils illégitime d'un brillant officier de Napoléon et de l'épouse d'un haut fonctionnaire en poste aux colonies naît clandestinement en 1806, il est déclaré à l'état civil sous un nom d'emprunt, puis envoyé à la campagne en Normandie. Une noble marraine lui ouvre la bibliothèque de son château et on lui paie des études au collège d'Argentan, où il se lie d'amitié avec un jeune homme de bonne famille, de quelques années son aîné, Charles Lautour-Mézeray. Ils montent à Paris, pleins de projets. Charles a la beauté et la fortune qui font de lui un dandy à la mode. Émile ne peut même pas porter le nom de Girardin. Il sait qu'il est le petit-fils de René de Girardin, qui a accueilli Jean-Jacques Rousseau à Ermenonville, et le fils d'Alexandre de Girardin, nommé général et comte par Napoléon, puis passé au service de Louis XVIII. Il reçoit une petite rente de son père et décide de réussir par son talent d'écrivain. En 1827, il publie un roman en partie autobiographique dont le titre est un prénom seul, *Émile,* sur le modèle de *René* ou d'*Adolphe*. Le livre ne passe pas inaperçu et son auteur signe désormais Émile de Girardin. Il lance avec Charles Lautour-Mézeray un journal qui exploite une faille du droit d'auteur dans la presse. *Le Voleur* pille le meilleur des journaux. Un périodique ne lui suffit pas. 1829, il imagine *La Mode,* avec gravures en couleurs, qui vise cette fois la haute société. Il multiplie les activités, recrute Nodier, Hugo, Sue, Janin et un jeune écrivain qu'il pressent plein de talent et d'une inépuisable fécondité : Balzac, qui impose sa particule, *de Balzac*, comme lui-même se revendique *de Girardin*. Delphine Gay, la fille d'une romancière célèbre du temps, prend le pseudonyme de vicomte de Launay pour tenir la chronique de la vie parisienne. Les titres et les pseudonymes tournoient. Girardin lance *La Silhouette* et *Le Feuilleton des journaux politiques*. Tout ne réussit pas pareillement, mais il faut qu'on parle de lui et qu'il soit partout. Les quatre titres couvrent tout l'échiquier politique et se font réciproquement de la publicité. Girardin ne se montre pas durant les événements de juillet 1830, il est d'autant plus actif dès la monarchie de Juillet stabilisée. Il étend son empire avec *Le Garde national*, puis le *Journal des connaissances utiles*, et le *Journal des instituteurs*. Il a un nom, des revenus. Il lui manque une épouse : Delphine Gay, qui lui a offert sa plume, lui donne sa main. Quelques manipulations juridiques assurent au fiancé un nouvel état civil et le mariage est célébré à l'église Saint-Roch. Leur salon devient le lieu où il faut se montrer, les jeunes chevelus qu'on nomme romantiques s'y pressent. Le pouvoir politique ne peut laisser indifférent le jeune magnat de la presse, qui se fait élire et réélire dans la plus petite circonscription, à Bourganeuf, dans la Creuse. Quelques nouvelles manipulations juridiques ont été nécessaires pour lui donner l'âge légal de la députation. Ses adversaires les contestent. Le coup de maître intervient en 1836 avec le lancement d'un quotidien à prix réduit, *La Presse*, porté par la publicité et par le roman-feuilleton. Pour nourrir l'imprimerie, Balzac, Lamartine et George Sand se succèdent, plus tard Alexandre Dumas. Les *Mémoires d'outre-tombe* eux-mêmes sont découpés en feuilleton. Un concurrent crée *Le Siècle*. C'est la guerre sur plusieurs fronts, avec des polémiques, des procès, des duels. En juillet 1836, Girardin tue dans le bois de Vincennes Armand Carrel, qui l'avait accusé de manœuvres « liberticides ». Il approche différents hommes politiques, Thiers, Guizot, et finit par se fâcher avec eux. Les liaisons féminines ne sont pas moins tumultueuses, il tombe amoureux de Marie d'Agoult, la maîtresse de Liszt, qui devient Daniel Stern et écrit pour lui. 1848 : la monarchie s'effondre, Girardin s'agite, multiplie les proclamations jusqu'au vertige. La force de frappe du groupe de presse passe-t-elle au service de la révolution ? Girardin doit partir à Bruxelles, mais s'accommode rapidement de Bonaparte président, puis de Napoléon III. Il fait des affaires, manœuvre en coulisses, vend un journal, le rachète, perd Delphine, qui meurt en 1855, épouse la fille d'un prince allemand, Wilhelmina, dite Mina. Il poursuit son ascension, mais le mariage malheureux dégénère en querelles d'avocats. En 1866, il fait de *La Liberté* un journal d'opposition au Second Empire. Il y invente une rubrique « sportique » et une autre gastronomique. 1870 n'est qu'une révolution de plus. Girardin travaille à une loi sur la presse, qui sera votée le 29 juillet 1881. Elle ne portera pas son nom, il est mort au matin du 27 avril. Il laisse une fortune colossale qui se dissipe vite dans les procès et les faillites bancaires. Le besoin de revanche sociale se mêle chez lui à l'inventivité de l'entrepreneur, l'enthousiasme à l'opportunisme, et la frénésie de vivre à l'incapacité de jouir de l'instant. Le lecteur reste fasciné par cette biographie.

1. Adeline Wrona, *Émile de Girardin. Le Napoléon de la presse*, Gallimard, 2025.

Livres
Flannery O'Connor, capter l'instant décisif
Céline Laurens

Flannery O'Connor est une auteure américaine capitale, dont l'œuvre reste encore trop confidentielle en France. Romancière, mais surtout nouvelliste, situant ses intrigues dans un Sud violent où le temps pèse sur les âmes et sur les vastes étendues, elle n'eut de cesse de dépeindre avec son humour féroce ces moments de bascule où l'homme se sauve ou se damne.

Flannery O'Connor est née le 25 mars 1925 dans la Bible Belt, à Savannah, en Géorgie. Ses ancêtres ont fui l'Irlande et les lois anglaises excluant les catholiques au profit des protestants. Enfant unique d'Edward Francis O'Connor et Regina Cline, elle est éduquée chez les sœurs puis dans une école expérimentale usant de méthodes qui lui permettent, dès son plus jeune âge, d'entretenir un rapport privilégié à la création.

Épaulée par son père, dont elle est très proche, Flannery commence à écrire et se passionne pour le *cartoon,* qui permet de capter avec légèreté des instants décisifs, chose qu'elle goûte tout particulièrement. Le condensé que représente la vignette l'aidera à appréhender la forme brève, dont elle deviendra peu à peu maîtresse.

Si les jeunes années de Flannery O'Connor sont heureuses, en arrière-fond grondent la crise économique et ses épiphénomènes : repli, paupérisation, violence, racisme… Vagabonds, ouvriers, prédicateurs ambulants, marginaux, familles exilées, ses personnages s'inspireront d'hommes et de femmes réels mais sans jamais verser dans la sociologie, tendance dont elle se méfiait car le romancier véritable, à ses yeux, se doit par son travail d'accéder à des fins plus profondes, de tenter de faire affleurer l'idée de bien et de mal enfouie sous la surface de ce qui peut sembler trivial.

Pour cela, il convenait, selon elle, de grossir le trait pour obliger le lecteur à voir, le forcer par ce biais à prendre part à l'intrigue et à ses réflexions sous-jacentes. Comme elle le disait : « Le romancier d'inspiration chrétienne découvre dans la vie moderne des distorsions qui lui répugnent, et le problème qu'il doit résoudre est de les faire apparaître comme telles à un public accoutumé à les trouver naturelles ; il se peut donc que, pour transmettre sa vision à d'hostiles lecteurs, il se voie contraint de faire usage de procédés toujours plus violents. »

Cette violence, qu'on lui reprochera, Flannery O'Connor en use dans ses dénouements mais aussi par son choix de personnages doubles. Le procédé de la chute lève à la toute dernière page le voile sur la part en eux qui l'emporte : la bonne, ou la mauvaise. Détenteurs du choix, libres face au mal diffus qui rôde et qui les tente, ceux-ci sont typiques du grotesque, perpétuellement sur le fil. Même si Flannery O'Connor se décrivait elle-même comme une romancière « réaliste catholique », ses ouvrages se coulent dans le flux plus général de la littérature dite du Sud, cette littérature qui, contrairement à celle du Nord, montre un intérêt accru pour les mystères, les luttes bibliques modernisées, pour la nature humaine tiraillée entre les pôles du péché et de la grâce. Libre arbitre, rachat, culpabilité, ces marottes sont en partie engendrées par le statut de perdant des États du Sud. Mis à l'écart de l'histoire « qui se fait », ce purgatoire qui est le leur s'avérera bénéfique. En marge de l'idée de progrès, traitant de thématiques intemporelles, de ce qui se joue sur le temps long et que l'on retrouve à chaque génération, leurs œuvres ne seront pas soumises à la corruption.

Ce qui intéresse la littérature du Sud est ce qui décante, ce qui sourd. L'ennui, nécessaire à l'émergence de la nature profonde de l'homme, y est extrêmement présent et accentué par la typicité des paysages à perte de vue, la présence des routes qui incarnent la possibilité de la renaissance, la chaleur qui engendre l'aboulie, mère des mauvais instincts.

Flannery O'Connor fut en son temps peu comprise par le lectorat de son pays d'origine. Les athées se détournèrent de ses écrits de peur du prêche, les catholiques ne se reconnurent pas dans ses textes, qu'ils jugeaient par trop violents, et il fallut attendre que Maurice Edgar Coindreau la traduise en français pour que la critique américaine comprenne enfin toute son importance. Effectivement, Flannery O'Connor fut une auteure intransigeante, refusant pour s'attirer les bonnes grâces du public et des éditeurs de verser dans une littérature béate, bien-pensante ou glorifiante. Si elle donna à suivre le passage à l'acte de violeurs, de meurtriers et d'escrocs, elle prit également soin de lever le voile sur la supposée bonté de la classe moyenne américaine. Citadins, mères de famille, jeunes mariés, paroissiens, éducateurs, grands-parents, enfants, handicapés… Personne n'échappa à la mise à nu, fertile, à l'œuvre dans son processus d'écriture. Il convient de séparer le bon grain de l'ivraie, et celle-ci est disséminée.

Souffrant depuis ses 25 ans d'un lupus érythémateux (maladie auto-immune chronique se caractérisant par des lésions cutanées, une atteinte du système nerveux et des différents organes), Flannery O'Connor vit en cette maladie une malchance bénite. Contrainte à l'immobilité, sa volonté d'écrire, son désir de se rendre utile à son prochain et sa capacité d'observation en furent décuplés. Étymologiquement, le terme « lupus » désigne « le masque (du loup) ». Or, en vraie thaumaturge, elle consacra toute sa vie à mettre à bas les masques que les hommes se donnent, dans lesquels ils s'enferment et qui leur dissimulent la bonne voie à emprunter.

Jamais docte ni édifiante, elle écrira jusqu'à sa mort, en 1964, dans la ferme isolée qu'elle habitait avec sa mère, entourée de ses nombreux paons, suffisants, ingrats, mais – comme les hommes – si fascinants à étudier.

Livres

Un pour tous, tous pour un

Stéphane Guégan

Notre histoire littéraire a vu se succéder plusieurs Parnasse, chacun cherchant à faire revivre un précédent prestigieux. La Pléiade de Ronsard, en pleine Renaissance, donne corps au rêve d'une nouvelle Antiquité accordée à l'idiome du royaume, qu'elle étoffe et perfectionne. Les yeux sont alors tournés vers la fresque de Raphaël, image triomphale, au Vatican, d'un Apollon musicien et de son cercle d'humanistes, auxquels le peintre a offert les traits de ses contemporains. Le mont Parnasse les réunit sous de beaux arbres, autour de la source de l'inspiration. Moins d'un siècle plus tard, Théophile de Viau attache son nom mal famé et sa plume bien taillée au *Parnasse satyrique*. La poésie, avant d'être expression personnelle, ne se concevrait-elle en France qu'à l'intérieur d'un projet collectif ? D'une esthétique commune ? On ne compte pas les cénacles romantiques après 1820, et les volumes de vers à plusieurs mains avant le Second Empire. Militaire par son étymologie, l'avant-garde l'est tout autant par ses méthodes, voire ses ruses. Ainsi le contrôle que le régime de Napoléon III exerça sur la République des lettres favorisa-t-il les entreprises éditoriales aptes à contourner la surveillance morale et idéologique des cerbères officiels. 1866 marque l'an I du *Parnasse contemporain*, une arme de guerre à sa manière, et l'étendard de jeunes poètes, la plupart inconnus, d'où se dégageront

Paul Verlaine et Stéphane Mallarmé, et bien d'autres encore, promis à briller jusqu'à la rupture d'Apollinaire et de Max Jacob.

À la fin du XIXe siècle, quand la *Revue des Deux Mondes* et Ferdinand Brunetière se montraient bienveillants envers la réaction parnassienne, le recul des années semblait suffisant pour en évaluer les profits et les écueils. Sully Prudhomme, François Coppée et surtout Leconte de Lisle, depuis le fauteuil de Victor Hugo – tout un symbole –, jouissaient quai Conti d'un juste prestige. Mais les anciens lutteurs avaient malgré eux nourri la légende d'un groupe soudé, homogène et docile aux pâleurs du sage néoclassicisme, chaste et apolitique, qui les aurait définis. Avant de les effacer du « programme », l'éducation nationale contribua ensuite à cet affadissement du Parnasse, bien heureuse d'opposer au symbolisme, trop hermétique, et au décadentisme, trop vicieux, les vertus d'une phalange née du rejet de l'effusion romantique, du laisser-aller sentimental et de toute autorité autre que l'art lui-même. À museler la lyre de ses aînés, à se vouloir plus objective, qu'avait gagné, au juste, la jeune poésie des années 1866-1876 ? Plusieurs publications, signe d'un regain d'intérêt qui n'a cessé d'enfler depuis l'après-1968, apportent d'intéressants éléments de réponse. Ils proviennent d'une lecture extensive des textes, et procèdent d'une attention resserrée au premier moment de production, lequel s'étend de la fin du Second Empire, on l'a vu, à l'agonie du règne de Mac Mahon. Le mythe tiédasse qu'a entretenu l'institution scolaire et universitaire n'y résistera pas (1).

Penchons-nous d'abord sur la série primitive des dix-huit livraisons hebdomadaires, parues du 3 mars au 30 juin 1866, et réunies en volume par l'éditeur essentiel du mouvement naissant, Alphonse Lemerre (2). Son succès dépendait de l'éclat qu'apportèrent les noms célèbres, soit les mentors de la génération montante. Théophile Gautier occupe ainsi l'ensemble de la première livraison, lui qui personnifie la forme nette et « l'art pour l'art », soit l'art rebelle à « l'hérésie de l'enseignement ». On aura reconnu les mots de Baudelaire, autre maître fêté par les parnassiens en herbe. Toute la 5e livraison renferme ce qui fut l'une de ses ultimes salves. Le poète délabré, et bientôt réduit au silence, s'accorde le plaisir d'ouvrir la marche avec une *Épigraphe pour un livre condamné*, autant dire *Les Fleurs du mal,* dont se préparait une troisième édition.

C'est au futur que Baudelaire s'adresse : « Lecteur paisible et bucolique, / Sobre et naïf homme de bien, / Jette ce livre saturnien, / Orgiaque et mélancolique. » Il eût fallu plus que du courage, un peu de folie, à Catulle Mendès et Louis-Xavier de Ricard s'ils s'étaient avisés de placer ces vers en tête du recueil Lemerre, dont ils étaient les principaux instigateurs. On sait que Mendès encouragea Baudelaire à éviter les compositions « trop vives », les deux écrivains s'étaient frottés plusieurs fois aux tribunaux impériaux ! Cela ne doit pas laisser croire que nos parnassiens, impeccables de style, hostiles au réalisme direct et à la confession, cherchaient à sauver la poésie en l'anémiant et en la privant de pensée.

Barbey d'Aurevilly, qui tira à boulets rouges sur ces jeunes gens trop impassibles à son goût, n'est peut-être pas leur meilleur juge. Pas plus que tout ne glace chez Leconte de Lisle, ou n'attendrit chez Sully Prudhomme, il serait absurde d'ignorer les plus oubliés, notamment Louis-Xavier de Ricard, Armand Renaud, que Manet illustra, ou Léon Valade, présent dans le *Coin de table* de Fantin-Latour, aux côtés de Rimbaud et Verlaine. Ce dernier se serait empressé d'ajouter à notre liste de relectures indispensables le nom de Léon Dierx, que Christophe Carrère, après avoir ressuscité Albert Samain, nous rend en son intégralité (3). Avec Mallarmé, qui le tenait en haute estime, Dierx est le plus baudelairien des parnassiens ; ce natif de La Réunion a découvert sa vraie langue, suave et délicate, dans *Les Fleurs du mal*. La parenté excède leur commun éros tropical ; Verlaine, grand lecteur, reconnaît à son ami Dierx une tête aussi mystique que sensuelle, et capable d'emportements panthéistes (« nature ! éternelle offensée ! »). Tenté par le dialogue des muses comme Gautier, Dierx, qui substituera bientôt la peinture à la poésie, refusait que la sienne fût de marbre. À force d'en avoir vanté le spleen, sa vivacité nous échappe. Voilà une erreur à corriger ! Ne laissons pas passer cette chance.

1. Voir Yann Mortelette, *Histoire du Parnasse*, Fayard, 2005, et, du même, *Le Parnasse. Mémoire de la critique*, PUPS, 2006.
2. *Le Parnasse contemporain. Recueil de vers nouveaux* (1866), sous la direction d'Henri Scepi et Seth Whidden, Classiques Garnier, 2024.
3. Léon Dierx, *Œuvres complètes*, édition de Christophe Carrère, Classiques Garnier, 2024 (comprend de précieuses lettres). Quant aux publications de Carrère sur Albert Samain, voir la *Revue des Deux Mondes*, avril 2022, et https://moderne.video.blog/2016/02/26/tant-de-noblesse.

Films

Le rêve et la liberté en Amérique

Richard Millet

J'ai abordé *The Brutalist,* de Brady Corbet, sans tenir compte du concert d'éloges qui l'accompagne – laissant résonner en moi l'ambiguïté d'un titre qui peut aussi évoquer la brutalité d'un homme ou d'une époque, ce que semblent confirmer les étranges et tumultueuses images montrant l'arrivée dans le port de New York d'un homme allongé sur le pont d'un navire, d'où il aperçoit à l'envers la statue de la Liberté : vision assurément symbolique d'un rapport non idéaliste, voire critique, avec l'Amérique. La suite le confirmera. László Tóth (Adrien Brody) dialogue surtout en lui-même, avec sa femme et sa nièce orpheline, que la maladie (et sans doute les Soviétiques) oblige à rester en Hongrie. Rescapé de Buchenwald, ce juif hongrois rejoint à Philadelphie son cousin Attila, qui a ouvert un magasin d'ameublement et s'est assimilé en changeant de nom et en épousant une Américaine catholique – là encore, quelque chose de symbolique dans le destin d'un juif issu de la Hongrie catholique. Telle est l'ouverture de ce long film qui comporte deux parties et un épilogue.

Architecte formé à l'école du Bauhaus, honnie par les nazis, László travaille pour son cousin, qui l'héberge. Il trouve du réconfort dans une amitié avec Gordon (Isaach de Bankolé), un Noir américain qui deviendra son compagnon de toxicomanie. L'addiction à l'héroïne et surtout l'amitié avec un Noir : anachronisme politiquement correct, dans l'Amérique des années quarante, même en tenant compte d'une marginalité voulue par ce László réchappé du Charybde nazi et de la Scylla communiste, et qui tentera de trouver dans le Nouveau Monde un équilibre entre l'idéal et la réalité. Sa vie bascule quand le cousin l'emmène chez Harrison Van Buren (Guy Pearce), un milliardaire dont le fils le charge de rénover la bibliothèque de son père en son absence. Rencontre d'abord désastreuse : rentré à l'improviste, Van Buren laisse éclater sa colère devant les innovations de László et le chasse sans le payer. Quelques années plus tard, ayant découvert qu'il était un architecte de renom en Europe, il présente ses excuses à László devenu terrassier, puis le charge de réaliser dans sa propriété un monumental ensemble architectural comprenant un gymnase, une bibliothèque et une chapelle. Le film est donc l'histoire de ce projet, l'œuvre d'une vie, devine-t-on, et celle des rapports entre Harrison et László, ainsi qu'entre l'architecte et son épouse, devenue infirme, Erzsébet (Felicity Jones), et aussi sa nièce Zsófia (Raffey Cassidy), enfin arrivées en Amérique grâce à Van Buren. Zsófia, qui refuse de parler, émigrera bientôt en Israël, dont la fondation est annoncée dans le film. Rien en revanche sur l'invasion de Budapest par les Russes en 1956.

On ne résumera pas les rebondissements de ce projet architectural qui rappelle celui de *Citizen Kane*, et qui conduit Van Buren et László jusqu'en Italie, dans les carrières de marbre de Carrare, où choisir la pierre de l'autel destiné à la chapelle. Au cours d'une fête, Van Buren viole László. Tous deux sont ivres. Le viol précipitera la fin de leurs relations et, plus tard, la disparition de Van Buren dans l'édifice qu'il a fait construire. Un viol peu vraisemblable, jamais l'homosexualité de Van Buren n'ayant été suggérée : voyons-y quelque chose d'excessivement symbolique, qui amoindrit une scène qui eût pu, dans le cadre dantesque de ces carrières, se limiter à un combat. Ce symbolisme est un des points faibles d'un film dont la beauté des images est remarquable ; son autre faiblesse est de ne jamais montrer ce qu'est l'architecture dite brutaliste, avec ses formes épaisses, monumentales, son usage quasi janséniste du béton nu. Il n'est pas moins étrange que jamais ne soient prononcés les noms de Le Corbusier, Frank Lloyd Wright ou Mies van der Rohe. Le personnage, qui semble surgi du *Pianiste* de Polanski (autre grand rôle de Brody), reste prisonnier des clichés de l'artiste maudit. Qu'il ne trouve pas sa place en Amérique, c'est évident ; mais ailleurs ? Privilégie-t-il sa liberté ? Une voix rappelle cette pensée de Goethe : « Nul n'est plus esclave que celui qui se croit libre. » À quoi peut faire écho Kierkegaard : « Ce n'est pas le chemin qui est difficile, c'est le difficile qui est le chemin. » Reste l'esthétisme du film, qui fait signe vers Visconti, Tarkovski ou Pasolini, comme si le réalisateur tentait de se mettre dans la peau d'un cinéaste européen pour évoquer la vie d'un artiste qui n'est pas devenu américain.

D'un juif hongrois qui refuse d'être américain à un juif américain qui incarne l'Amérique au point de troquer légalement son patronyme,

Zimmerman, contre celui de Dylan, tout en contestant certaines valeurs du rêve américain dans les années soixante et soixante-dix, le contraste nous est donné par le biopic que James Mangold consacre aux débuts de Bob Dylan, incarné de façon convaincante par Timothée Chalamet. On suit donc l'arrivée à New York d'un jeune homme de 19 ans, sans le sou, venu de son Minnesota natal. Il rend visite au chanteur folk Woody Guthrie, alors à l'hôpital, où il rencontre aussi Pete Seeger (Edward Norton), un autre chanteur de folk, qui le prend sous son aile. Comme un artiste n'est rien sans les femmes, on suit également la vie sentimentale du jeune chanteur, notamment sa liaison avec Sylvie Russo (Elle Fanning), puis celle avec Joan Baez (Monica Barbaro). Le film oscille entre ces amours désordonnées et l'évolution stylistique de Dylan, du pur folk vers un folk plus électrique, au grand dam des puristes. Un film sans intérêt artistique, qui passe sous silence le grand mouvement de contestation de l'ordre établi des années soixante et soixante-dix, la guerre du Vietnam, les raisons des *protest songs*. Rien non plus sur la dimension littéraire d'un chanteur influencé par Rimbaud et Kerouac, et à qui sera décerné, en 2016, sans que cela soit justifié, à mon sens, le prix Nobel de littérature. Un album d'images agréables, où le meilleur est dans les chansons de Dylan et de Baez.

Musique

Schubert à quatre mains et un seul cœur

Olivier Bellamy

Si jouer à deux pianos appelle le concert, la musique pour piano à quatre mains appartient à l'intimité du salon. C'est le moment du déchiffrage pour le plaisir, pas de la prestation virtuose. Mozart réservait ce genre pour jouer avec sa sœur. Ravel a écrit *Ma mère l'Oye* pour les enfants de ses amis Godebski. Le temps d'une valse, Brahms partageait le clavier avec Johann Strauss. C'est une parenthèse enchantée, une occasion de délassement. Des œuvres charmantes, beaucoup de transcriptions, de quoi jouer en famille, entre amis, à la maison. Beethoven, Schumann, Dvořák ont composé des pièces de circonstance, aimables et pittoresques. Peu de choses essentielles.

Schubert est le seul à avoir composé autant de musique pour piano à quatre mains et autant de chefs-d'œuvre. Pas moins d'une cinquantaine de pièces. Sa toute première œuvre connue à ce jour, la *Fantaisie en sol majeur, D. 1*, écrite à 13 ans, est pour piano à quatre mains. Tout comme sa sublime *Fantaisie en fa mineur, D. 940*, composée l'année de sa mort, en 1828.

La seule œuvre que Schubert a osé dédier à Beethoven, malgré sa timidité, est une série de *Huit variations sur une chanson française*. On peut d'ailleurs s'étonner qu'il ait offert une partition aussi anecdotique à un géant qu'il vénérait. Comme si, en se rapetissant, il ne voulait pas lui donner l'impression de se mesurer à lui. Pour Schubert, qui ne mangeait pas tous les jours à sa faim, le quatre-mains était rémunérateur. Les éditeurs en étaient friands, ça se vendait bien. Mais ce répertoire recouvre une part beaucoup plus essentielle de sa vie : l'amitié. Cas unique dans l'histoire de la musique, Schubert vit avec ses amis, loge chez eux, couche peut-être avec certains d'entre eux, les retrouve au café, se promène en leur compagnie et joue avec eux lors des fameuses Schubertiades. « Heureux qui trouve un véritable ami. Plus heureux qui en sa femme trouve une véritable amie », note-t-il dans son journal en 1816. « Vous êtes tout pour moi », écrit-il à ses amis quand il est en Hongrie. À quatre mains, il joue souvent avec Anselm Hüttenbrenner, Franz Lachner et Josef von Gahy. Comme l'a dit son plus fidèle et ancien camarade, Joseph von Spaun : « Grâce à lui, nous devenons tous frères et amis. » La joie du partage, le bonheur d'être ensemble sont au cœur de ce répertoire.

Derrière les plus hauts chefs-d'œuvre de la musique pour piano à quatre mains de Schubert se dessine aussi le visage de Caroline Esterházy, son « immortelle bien-aimée ». En 1818 et en 1824, Schubert est invité pendant l'été, à Zseliz (Hongrie, aujourd'hui Slovaquie), par le comte Esterházy comme professeur de ses deux filles, Marie et Caroline. En 1818, Caroline a 6 ans, en 1824, elle en a 12, et le compositeur en tombe éperdument amoureux. Il s'agit évidemment d'un sentiment rêvé et idéalisé, tant à cause de la différence d'âge que de l'écart social. La *Fantaisie en fa mineur* est dédiée à Caroline. Son immarcescible beauté témoigne de la profondeur des sentiments de Schubert.

Lors du premier séjour, Schubert a composé le *Grand Duo*, les *Variations en la bémol* et le *Divertissement à la hongroise*. Si le *Grand Duo* (dédié à Clara Wieck par l'éditeur Diabelli) reste une œuvre de circonstance, les *Variations en la bémol* sont du grand Schubert. Chaque variation est une merveille. Le *Divertissement à la hongroise* contient la fameuse mélodie hongroise que Schubert a entendue de la bouche d'une servante, avant de la développer dans le finale de son *Divertissement*.

Le deuxième séjour a été tout aussi fructueux : *Fantaisie en fa mineur*, *Lebensstürme en la mineur* et *Grand Rondeau*. À l'ampleur symphonique du *Lebensstürme* (« tempêtes de la vie », nom donné par Diabelli) répond le parfum d'après-mort, serein et céleste, en la majeur, du *Grand Rondeau*, joué notamment par Martha Argerich et Daniel Barenboim.

Mais ce n'est pas tout. Schubert a écrit tout au long de sa courte vie (trente et un ans) de nombreuses pages pour piano à quatre mains. Des sonates, des marches, des marches héroïques, des marches militaires (dont la célébrissime en *ré* majeur), des variations, des fantaisies, des rondos, des polonaises, des ouvertures, des *ländler*, ce qu'on a coutume d'appeler avec tendresse « le petit Schubert ». Mais derrière le petit Schubert, le grand n'est jamais loin. Ainsi un *Allegro en do majeur*, pour lequel on ne se réveillerait pas la nuit pour l'écouter, précède un petit bijou, un *Andante en la mineur*. Ou encore ce *Divertissement sur des airs français*, dont on se demande dans quelle obscure province il a bien pu dénicher ces airs-là, qui renferme un adorable « Andantino varié » où l'on retrouve ce fameux sourire entre les larmes, si propre au style de Schubert.

Ce répertoire a été joué autrefois par Artur Schnabel et son fils Karl-Ulrich, par Paul Badura-Skoda et Jörg Demus, par Sviatoslav Richter et Benjamin Britten, par Elena et Emil Gilels, par Robert et Gaby Casadesus… Souvent mari et femme, père et fils, frère et sœur… Car le piano à quatre mains réclame une intimité toute particulière. Les corps se touchent, les mains se frôlent, les bras se gênent… Impossible de jouer cela avec quelqu'un qu'on n'aime pas ou auprès duquel la promiscuité est un supplice. À la fin des années soixante-dix est sortie une anthologie qui a été un événement d'autant plus marquant qu'il suivait de près la parution du *Schubert* de Brigitte Massin (la grande musicologue en a signé les textes de présentation). Il s'agit du duo formé par Christian Ivaldi et Noël Lee. Couronnée du Prix des disquaires de France, elle a été bientôt dépassée par l'enregistrement du Duo Crommelynck. Si la somme enregistrée par ces duos ne dépasse pas quatre CD, la toute nouvelle qui vient de paraître et qui justifie cette chronique affiche crânement le nombre de sept CD. C'est dire si l'on possède désormais une véritable intégrale du piano à quatre mains de Schubert. Cette publication exemplaire, nous la devons à deux jeunes pianistes français, David Salmon et Manuel Vieillard, qui officient avec esprit (sic) sous le nom de Geister Duo. Lauréat du Concours de piano à quatre mains de Monaco et surtout premier prix du Concours de l'ARD à Munich, le Geister Duo possède une homogénéité sonore digne d'un grand quatuor à cordes. Ils ont travaillé avec Claire Désert et Emmanuel Strosser, orfèvres en la matière. Après qu'ils ont fait un tabac à la Folle Journée de Nantes, au Japon, et à La Roque-d'Anthéron, René Martin leur a permis d'enregistrer (avec le soutien de l'Opéra national de Bordeaux) cette magnifique intégrale qui fera date.

1. Franz Schubert, *Intégrale de l'œuvre pour piano à quatre mains*, coffret de 7 CD, Mirare.

Expositions
L'art du flou
Olivier Schefer

On ne sait comment nous en sommes venus à qualifier une situation aux enjeux incertains de flou artistique. Ce cliché tenace est évidemment problématique au regard de l'histoire des formes, où maturation et réflexion artistiques vont de pair. Depuis l'Antiquité jusqu'à l'âge moderne abondent nombre de traités sur les règles de création: *Canon* de Polyclète, *Carnets* de Léonard de Vinci, *Le Vite* de Giorgio Vasari, le *Credo du créateur* de Paul Klee, ou l'essai de l'artiste minimaliste Donald Judd, *De quelques objets spécifiques*. Mais ce malentendu nous rappelle que l'art et le flou ont partie liée, pour le meilleur et pour le pire. Soit que ce terme serve de repoussoir à ceux qui, tel Paul Valéry, valorisent le labeur et l'intellect des artistes contre le flou de l'inspiration involontaire, soit que cette notion redonne à lire par un biais inattendu l'histoire de la création. À ce second défi répond l'exposition « Dans le flou, une autre vision de l'art de 1945 à nos jours », au musée de l'Orangerie, à Paris (1).

Dans le bel ouvrage qu'il consacra naguère à cette question (2), l'historien et critique Michel Makarius suggérait que la distinction entre le net et le flou rejouait le débat qui opposa pendant longtemps les tenants classiques du dessin à ceux modernes de la couleur. Pour les premiers, le dessin permet de raconter une histoire, de « circonscrire » des figures, comme l'écrit le théoricien de la perspective Leon Battista Alberti. Tandis que les modernes célèbrent dans la couleur la force expressive débordante mais aussi son pouvoir spirituel et symbolique. Pareillement, le flou malmène la représentation et son programme mimétique, en échappant aux codes de la figuration, tout en se logeant parfois en elle. Léonard de Vinci, grand maître de la peinture, l'est aussi du *non finito* et du flou, le *sfumato*, effet vaporeux de fumée qui nimbe les paysages du fond de ses toiles les plus célèbres, en traduisant notamment la distance des lointains.

Mais comment le flou, le vague, l'indistinct – tout ce qui échappe à la maîtrise du peintre – peuvent-ils faire l'objet d'une œuvre puisqu'ils noient les choses, telle une brume de chaleur par un jour d'été ? Que donne à voir ce qui apparemment se dérobe au visible ? C'est à une autre histoire de la peinture que la question du flou nous invite en réalité. En nous proposant de renoncer à nos certitudes pour considérer les zones imprécises des apparences, le flou révèle la part impensée du monde et de notre psyché. Ce qu'on qualifie de flou traduit aussi bien le vague à l'âme, l'état spleenétique sans objet, que la subtilité des sens, impossible à fixer dans une forme stable et nette. À l'instar de la musique célébrée par Paul Verlaine dans son *Art poétique*. « De la musique avant toute chose, / Et pour cela préfère l'Impair / Plus vague et plus soluble dans l'air, / Sans rien en lui qui pèse ou qui pose. » Flous encore les brumes et brouillards que les impressionnistes jettent parfois sur les apparences, non pour les dissimuler, mais pour mieux les donner à voir dans leurs nombreuses nuances de couleurs et d'irisations. Le flou qui estompe s'adresse autant aux yeux, à l'esprit qu'à notre imagination. Ainsi que le remarque le peintre romantique allemand Caspar David Friedrich : « L'œil et l'imagination sont plus attirés par les lointains vaporeux que par ce qui s'offre aux yeux clairement et de près. »

Fascinante à cet égard est l'évolution de l'œuvre de William Turner, qui noie les figures et les formes dans des zones incertaines comme pour s'approcher d'un état premier de la nature, en peignant dans ses dernières œuvres – des marines et des paysages bibliques et mythologiques – une sorte de soupe cosmique originelle. Ce qui, d'une autre façon, nous arrête et nous captive dans le cycle des *Nymphéas* de Claude Monet – un monde déraciné où l'eau, les fleurs et le ciel jouent librement entre eux. On a pu y voir la préfiguration des zones intensément colorées et quasi brumeuses de Mark Rothko. Le flou est donc affaire de réflexion aussi bien sur la naissance des formes que sur les échappées sensibles du regard. Le flou hante l'œuvre photographique de Bernard Plossu, qui, en regardant ses sujets à travers un certain floutage, capture avec précision l'instant d'une émotion et d'une grâce.

L'histoire du flou est assurément moderne. Elle court du *sfumato* de Léonard aux impressionnistes, à certains peintres de l'abstraction lyrique, et elle se continue ailleurs en peinture (Gerhard Richter), en photographie (Antoine d'Agata), dans l'art vidéo (Bill Viola). Elle offre de méditer les leçons de l'informe selon Paul Valéry : l'informe n'est pas absence de forme, mais une forme libre et ouverte qui nous laisse le souvenir d'une potentialité.

Cette histoire moderne et contemporaine du flou fait toutefois écho à des inquiétudes et des émotions anciennes. Une fameuse anecdote rapportée par Pline l'Ancien rappelle que Protogène, peintre grec du IVe siècle avant J.-C., échouant à représenter la bave d'un chien de chasse, aurait, de rage, jeté sur sa toile une éponge gorgée d'eau. Il réussit à capter dans un mélange vague, un brouillard de couleurs noyées, l'expression de l'animal, que son pinceau appliqué n'arrivait pas à fixer d'un trait net.

1. Exposition « Dans le flou, une autre vision de l'art de 1945 à nos jours », musée de l'Orangerie, Paris, jusqu'au 18 août 2025.
2. Michel Makarius, *Une histoire du flou. Aux frontières du visible*, éditions du Félin, 2022.

NOTES DE LECTURE

LITTÉRATURE

Nouvelles nocturnes de Bernard Quiriny, Rivages, 224 p., 19,50 €

Amateur de canulars, d'apologues abracadabrants et de facéties féeriques, Bernard Quiriny excelle dans la forme brève de la nouvelle. *L'Angoisse de la première phrase*, *Contes carnivores*, *Une collection très particulière*, *Histoires assassines* et *Vies conjugales* ont été traduits dans plusieurs langues. *Nouvelles nocturnes*, son sixième recueil, qui en comporte vingt-cinq, confirme sa maîtrise de ce genre auquel il a donné un tour personnel. On y devine néanmoins l'influence de grands virtuoses de la fiction concise et inquiétante, comme Jorge Luis Borges et Marcel Aymé (Quiriny fait explicitement allusion à ce dernier, dont il a repris le célèbre incipit : « Il y avait à Montmartre un excellent homme nommé… »). Il s'agit de faire disjoncter une situation souvent banale en y introduisant un phénomène fantastique, farfelu ou incongru. Insensiblement, cette perturbation aux conséquences parfois fatales nous montre qu'une circonstance absurde peut remettre en cause jusqu'à nos manières de vivre et de penser.

Ainsi, dans « Le Gai Savoir », le narrateur rencontre un étudiant qui prépare une thèse sur rien afin de devenir docteur ès rien, la non-écriture de ce mémoire sans sujet le conduisant à le soutenir en silence, à coups de non-réponse, démontrant du même coup l'étendue de son érudition en la matière (il sera autorisé à ne pas publier son « odyssée intellectuelle »). « Duplicatas » met en scène un personnage doté de la faculté de se dédoubler en permanence, ce qui obligea ses parents à exécuter chaque matin son double, avant qu'il ne le fasse lui-même pour « procéder à sa propre régulation ». Au comique de situation, Quiriny associe l'humour noir, voire macabre (d'où le titre du recueil). Il brosse des galeries de portraits de professeurs atypiques ou de maisons bizarrement hantées. Et imagine d'« amusants musées », un musée portatif, qui tient dans une valise, visitable à la loupe, un musée de la solitude, n'accueillant qu'un visiteur par jour, un musée des objets invisibles, ou trop petits pour être visibles, et un musée de la pluie qu'on visite en maillot de bain (on peut apporter son savon).

Délices de lecture mémorables, ces nouvelles écrites dans un français impeccable, presque scolaire (à dessein, pour faire valoir la plaisanterie, car Quiriny, qui enseigne le droit à l'université, tient des propos désopilants sans se départir de son flegme ni jamais sourire), ont le pouvoir des grands textes littéraires de vous faire changer d'humeur en quelques pages. **Lucien d'Azay**

Le Dernier Printemps de Rosa Luxemburg et autres poèmes dramatiques de Muriel Pic, Le Bruit du temps, 80 p., 13 €

Constitué d'une dizaine de tableaux, *Le Dernier Printemps de Rosa Luxemburg* se déroule dans le pénitencier de Breslau, en Pologne prussienne, au printemps 1918. La révolutionnaire marxiste y est détenue en raison de son pacifisme. Ses liens avec le sergent Arthur Gertel, le jeune gardien chargé de veiller sur elle, sont au cœur d'un drame que Bertolt Brecht, le metteur en scène, se propose d'écrire, comme il le confie à Mathilde Jacob, sa secrétaire. Superposées, ces circonstances créent une forte tension dramatique : on assiste simultanément à la reconstitution d'une liaison amoureuse historique et à sa transposition théâtrale. Justes et laconiques, les didascalies de cet habile dispositif sont particulièrement savoureuses ; elles mettent en valeur les voix des personnages, dont les répliques résonnent : « "À qui appartient cette bouche ? – À moi. – Ah ! non cette bouche est à moi." Rosa reprend la fleur, lui arrache un pétale, le met à sécher, va se regarder dans le miroir, lave son visage, disparaît derrière le paravent. »

Mon cœur dévoré, second poème dramatique, en deux volets cette fois, commente un rêve cannibale au fort potentiel érotique que Dante Alighieri évoque dans *Vita nuova*, « prosimètre de la vie nouvelle ». L'Amour, « seigneur terrible », tient dans sa main le cœur du poète et le donne à manger à sa bien-aimée. Et Béatrice de l'avaler entièrement. Cardiophagie émouvante, mais aussi parabole de l'acte littéraire : « Écrire, c'est donner son cœur à dévorer. »

Non moins lyrique, le troisième poème, *Les Preneurs d'astres*, relève de la cartomancie, autre thème cher à Muriel Pic. Doués d'une « intelligence d'orientation », les « preneurs » en question rendent « la pensée poétique, plastique, partageante, liante ». Comme eux, sensible et réceptive, l'autrice ne manque pas d'imagination en jetant « de la lumière dans notre nuit insciente qui ne connaissait que la lueur des rêves ».

Muriel Pic construit une œuvre rare, unique, d'une grande variété littéraire. Elle va jusqu'à forger des genres qui lui sont propres (l'élégie documentaire, le dialogue onirique, etc.) et qui se plient à son univers intime comme un vêtement à la grâce d'un corps naturellement beau et séduisant. Cette première tentative dramaturgique est un coup de maître qui la situe quelque part entre Sarah Kane, Henri Michaux et Alfred de Musset, bien que sa singularité s'impose déjà comme une étoile solitaire, hors de toute constellation. **Lucien d'Azay**

Le Duc de Matteo Melchiorre, traduit par Anne Echenoz et Serge Quadruppani, Métailié, 488 p., 23,50 €

Dans l'incipit, comme dans l'explicite qui clôt son récit, le narrateur observe les corneilles qui virevoltent dans le ciel et braillent au-dessus de son manoir, pour la plupart aux ailes noires, sinon l'une, rare, aux ailes blanches ; tournoyant à la tombée de la nuit dans une mêlée bruyante, comme elles le font depuis des siècles, avant d'aller dormir dans un endroit secret. Et de cette observation des oiseaux, comme de celle de sa situation d'héritier aristocratique d'un immense domaine à Vallorgana, un village perdu dans les montagnes du nord de l'Italie, le narrateur conclut que la nature et les lieux dépassent les hommes en même temps qu'ils les définissent. Conclusion somme toute banale, mais qui résume bien l'histoire de cet homme que les villageois appellent le Duc. Dernier de la lignée masculine des Cimamonte après la mort de ses parents alors qu'il n'a que 25 ans, voilà donc ce jeune héros promu seigneur d'un patrimoine substantiel dont il ne s'est, jusqu'à présent, guère préoccupé : une demeure qui tombe en ruine et des hectares entiers de forêt et de champs à faire fructifier.

Jusqu'au jour où un de ses voisins vient lui signaler qu'on lui vole ses quintaux de bois ; et que loin de détourner les yeux d'un larcin en apparence sans gravité, le Duc décide de faire valoir la loi – la loi des seigneurs de sa famille, avec ses codes de conduite d'une époque révolue, où « on ne discutait pas le fait que les Cimamonte étaient des Cimamonte ». Un duel pour le pouvoir s'engage, avec le roturier enrichi Manuel Fastredo. Et peu importent les conséquences, car il est temps pour le Duc – jusqu'à présent novice et nonchalant – de réaffirmer sa seigneurie. « Alors, tu resteras à Vallorgana et le soir, quand on se rencontre pour parler de la journée écoulée, tu pourras t'asseoir entre égaux, sans honte et sans prétention, à côté des autres très nobles lignées de Vallorgana. *[...]* et tu parleras avec eux de choses anciennes et nouvelles, ajoutant ta voix d'ici, de Vallorgana, à l'éternel chuchotement d'histoires qui depuis des millénaires remplissent le monde. » On est comme dans un grand classique (épique) italien, et des meilleurs. **Isabelle Lortholary**

Repentirs de Chloë Ashby, traduit par Anouk Neuhoff, La Table ronde, 336 p., 23 €

Il y a ce beau titre français – *Repentirs* –, choisi par la traductrice Anouk Neuhoff, qui donne d'emblée la teinte du regret et de la réparation au livre. Et puis il y a le titre anglais, « *Second Self* », littéralement « le second moi », ou « second soi », ou un soi ou un moi en moins bien ; mais *second self* pourrait être aussi ce soi/ce moi oublié et enfin révélé à la faveur d'un événement. Et c'est exactement ainsi que le livre commence : par un événement dans la vie de Cathy (le retard de ses règles), qui révèle quelque chose d'elle qu'elle ignorait, ou qu'elle avait oublié, ébranlant les fondements de sa relation et de son mariage avec Noah et cette certitude qu'elle pensait acquise : ne pas vouloir d'enfant. Dix ans plus tôt, Cathy et Noah étaient d'accord pour ne pas procréer, la décision ayant assuré au couple une vie aisée et agréable – elle est conservatrice à la National Gallery de Londres, lui est enseignant –, et libre, contrairement à certains de leurs amis. Pourtant, à 35 ans, Cathy se prend à ne plus savoir où est son désir. Et lorsque finalement son cycle reprend normalement, quelque chose de l'ordre du chagrin surgit. Et si elle avait été enceinte ? Et si elle allait, un jour, regretter de ne pas avoir d'enfant ? À ce questionnement s'ajoutent des événements perturbateurs : la deuxième grossesse de sa meilleure amie, Anna, les premiers signes d'Alzheimer chez sa mère. Et dans son travail, ce tableau du XVIIe siècle (une marine hollandaise) qu'elle restaure en le débarrassant de ses couches successives de vernis jusqu'à ce qu'apparaisse une baleine échouée sur la plage… Le livre s'étend sur neuf mois, soit le temps d'une grossesse. C'est aussi le temps qu'il faudra à Cathy pour comprendre ce qu'elle désire vraiment. Tout le talent de Chloë Ashby est dans ce parallèle tissé entre les détails cachés de la toile et les désirs enfouis ou inventés de Cathy. *Repentirs* est un magnifique livre sur les choix – et sur cette part de nous-mêmes auxquels ils obligent à renoncer. **Isabelle Lortholary**

La Barque de Charon de Lucian Blaga, traduit par Jean-Louis Courriol, Non Lieu, 428 p., 28 €

C'est un livre troublant. Lorsque Lucian Blaga (1895-1961) a écrit, en secret, cette autobiographie fictionnelle, l'écrivain roumain, ancien diplomate et universitaire, était interdit de publication. Célèbre poète et philosophe, Blaga a subi de plein fouet le violent retournement de veste du régime politique d'après-guerre et a été évincé de la vie publique, mis au ban des bibliothèques jusqu'à la fin des années soixante. Retravaillé entre 1956 et 1958 mais resté inachevé, publié enfin pour la première fois par la fille de Lucian Blaga dans les années quatre-vingt-dix, *La Barque de Charon* est le chant du cygne d'un esprit libre et profond.

C'est « la révolution des critères », faisant basculer des vies entières dans la Roumanie de l'après-guerre, que reconstitue ce roman à clé peuplé de politiques et universitaires, philosophes et poètes, femmes artistes et femmes muses. *Alter ego* fictifs de l'auteur, Axenté Creangà, poète et narrateur, et Léonté Pàtrascu, philosophe, sont deux personnages témoins de ce « processus de la désagrégation de la bourgeoisie et d'infiltration de nouvelles levures dans la pâte sociale ».

Dans son avant-propos, le questionnement du traducteur, Jean-Louis Courriol, est émouvant : comment peut-on traduire ce qui n'a pas été fini et approuvé par le plus grand philosophe de la culture roumaine ? *La Barque de Charon* est néanmoins un document littéraire, testament humain et politique dont la traduction est légitime à plus d'un titre. L'écho à l'actualité est frissonnant. Après la guerre, laissée dans la sphère d'influence russe, la Roumanie subit un processus de ré-idéologisation dans tous les domaines. Dans sa conception philosophique, Lucian Blaga avait identifié dans la culture roumaine les coordonnées d'une spiritualité pragmatique, en dépit des vicissitudes : « Avant tout, c'est un sentiment du destin vécu aussi comme un ondoiement, comme une alternance de montées et de descentes, comme une progression dans une patrie sidérale où se suivent, rythmiquement, les collines de la confiance et les vallées de la résignation. » Justement, « peut-on vivre sans destin ? » demande Axenté Creangà à son *alter ego*. Cet opus tente d'y répondre à la faveur d'une galerie de portraits mi-fictifs et mi-réels, symboliques et historiques, dont la portée est, somme toute, universelle.

Cristina Hermeziu

Et personne ne sait de Philippe Forest, Gallimard, 128 p., 17 €

Singulière entreprise que celle du nouveau livre de Philippe Forest. Il y est question d'un peintre dont les toiles n'intéressent personne. Il peint pourtant, inlassablement, des fleurs et des paysages, mais jamais de portrait. Son nom : Eben Adams. Avant d'être le personnage principal du livre de Philippe Forest, il a été celui d'un roman puis d'un film que le romancier ne citera jamais. C'est leur histoire à tous deux qu'il va nous raconter. Un roman, donc, sur un roman et un film. L'un et l'autre se déroulent à New York. « C'est une histoire d'un autre âge. » L'histoire d'un peintre en mal de reconnaissance qui, dans un parc enneigé, à la veille de Noël, va faire une étrange rencontre. Une petite fille seule, de 6 ou 7 ans, perdue au milieu des allées. « On dirait cette enfant née de nulle part en cette nuit de Noël. Conçue par l'opération du Saint-Esprit, déposée sur Terre par quelques anges descendus du ciel. » Pour Adams, c'est une révélation, une apparition, un rêve de petite fille dont il décide soudain de faire le portrait. L'enfant s'y prête volontiers et chaque jour le peintre retourne dans le parc avec l'espoir de la retrouver. Nulle vraisemblance dans cette romance qui brouille sciemment la frontière entre rêve et réalité. Une esthétique que le romancier fait sienne et qui donne à son roman des allures de conte de fées. Un conte dans lequel manquerait une fée. Une seule, qui pourrait bien être cette petite Jennie, qui ne cesse d'apparaître et de disparaître, mais aussi une certaine Pauline, la fille de l'auteur, décédée à l'âge de 4 ans des suites d'un cancer. C'est elle qui hante ce roman, comme tous les romans de Philippe Forest. De *L'Enfant éternel,* qui le consacra écrivain, à *Toute la nuit* en passant par un essai au titre explicite : *Tous les enfants sauf un*. Le romancier ne s'en cache pas : « Depuis le début, avec chacune des histoires que je raconte, je peins le même portrait, je le fais avec l'idée que si un jour j'y parviens vraiment, il rendra la vie à ce que j'ai perdu. D'une certaine façon, en tout cas. Bien sûr je n'y crois pas. Je dis que je n'y crois pas. » D'une beauté déchirante, ce dernier livre, aussi mystérieux que poétique, ne fait pas exception à la règle. **Alexandra Lemasson**

Vivre tout bas de Jeanne Benameur, Actes Sud, 192 p., 19,50 €

Le dernier livre de Jeanne Benameur est né, comme souvent les livres, d'une image. Sur un bas-relief du XVe siècle, la romancière découvre une étrange Nativité. Marie y apparaît allongée en train de lire. *Vivre tout bas* ne demandait plus qu'à être écrit. Chaque matin, une femme se rend au sommet d'une colline, s'assied sur une roche plate et contemple la mer. Cette femme a connu la plus grande des félicités et le plus grand des drames. Cette femme, c'est Marie, mais l'autrice ne la nommera jamais. « Quand on fera son portrait *[...]* elle sera toujours front dégagé, offert, penché sur l'autre visage », mais dans le roman n'apparaîtra jamais que cheveux lâchés. Elle n'est plus ni la mère bienheureuse de porter l'héritier divin ni la *Mater dolorosa* au pied de la croix, elle est celle d'après. Celle qui a accepté la terrible épreuve et doit poursuivre son chemin. Une femme qui se souvient. Petite fille, déjà, elle avait le désir d'apprendre mais le savoir était réservé aux hommes. Ce désir était pourtant si grand qu'un vieux maître accepta de l'initier au secret de l'alphabet. Depuis, dans sa petite maison au sommet de la colline, cette femme lit et écrit. Et depuis, « elle voit à l'intérieur d'elle s'ouvrir des mers qu'elle ne connaît pas, elle voit des îles et des pays. Elle voit des maisons si hautes qu'on se dit que personne ne pourrait y vivre sans vertige mais des gens y habitent. Elle les voit ». Une expérience à nulle autre pareille qu'elle va transmettre à une enfant. Une petite fille qui, comme elle, a connu un immense chagrin. Celui d'avoir perdu sa mère, morte d'avoir voulu la

sauver. Une petite fille qui, depuis ce drame, ne parle plus. Ensemble, cette femme et cette enfant vont redécouvrir les plaisirs simples de la vie. Admirer un vol d'étourneaux dans le ciel, sentir la douceur de l'air sur la peau, mordre dans un fruit mûr. Ensemble aussi, elles vont faire cette découverte essentielle : « La souffrance n'empêche pas la joie de faire son chemin. » Écrit dans une langue somptueuse, à la fois incantatoire et poétique, ce roman offre une vision radicalement nouvelle de Marie. Sous la plume de Jeanne Benameur, la mère de Jésus est une femme de chair et de sang. Une femme qui marche, nage, lit et écrit. Une femme libre. Splendide.
Alexandra Lemasson

ESSAIS ET DOCUMENTS

Vivre et voler de Jacqueline Auriol, Éditions Les Pérégrines, 322 p., 20 €

« Morane », « Stampe », « Mirage », « Mistral », « Mystère », « Vampire », ces noms de l'ancien monde ont marqué l'histoire de l'aviation et la recherche aéronautique. La construction et l'utilisation de ces avions constituaient une affaire industrielle aux enjeux financiers considérables. Avec l'aide d'une équipe constituée d'un ingénieur, d'un expérimentateur et d'un mécanicien, les pilotes ont su les apprivoiser à leurs risques et périls. Les pionniers de la conquête de l'air étaient considérés comme des héros. Dans ce milieu dominé par les hommes, quelques aviatrices intrépides avaient établi des records de vitesse à bord d'appareils ultramodernes. Pendant les « trente glorieuses », la plus médiatique s'appelait Jacqueline Auriol. Elle disputa plusieurs records à sa grande rivale, l'Américaine Jacqueline Cochran. La presse se délectait de « la guerre des deux Jacqueline ».

La notoriété lui était d'abord venue par son mariage. Belle-fille du socialiste Vincent Auriol, élu président de la République le 16 janvier 1947, Jacqueline la Vendéenne, issue d'une famille royaliste, mena une première vie de décoratrice d'intérieur. Le talent de la seconde dame de la République s'exerça à l'Élysée, qu'elle dépoussiéra, bravant la résistance du Mobilier national et des autres services de l'État. De cette vie de palais soi-disant dorée, une femme aussi exposée récolta une campagne ourdie par des journaux d'extrême droite l'accusant, avec son mari, de former un couple de drogués s'adonnant aux trafics d'opium, de voitures et de piastres indochinoises. La mécanique de la calomnie faisait feu de tout bois, après qu'une princesse de la haute société raflée dans une fumerie avait lancé la première boule puante. La nécessité de fuir l'atmosphère empoisonnée du milieu politico-médiatique poussa Jacqueline Auriol à prendre du champ. La voie du ciel lui offrant un espace d'évasion inédit, elle choisit un métier d'homme, pilote d'essai, et passa un à un les brevets de pilotage. Une reconversion professionnelle de haut vol percutée par un terrible accident d'hydravion en 1949. Elle survécut, mais totalement défigurée. Chez elle, tous les miroirs avaient disparu. Sa famille les avait enlevés pour qu'elle ne voie pas sa gueule cassée. Vingt-deux opérations de greffe de peau furent nécessaires pour lui rendre visage humain. *Vivre et voler*, le double récit de sa résilience et de son parcours de

championne de l'air, reparaît. Remise de son accident, résolue à voler à nouveau coûte que coûte, elle commença une carrière exceptionnelle. Armée d'une volonté indéfectible de fendre les cieux, elle était une âme indomptable qui ne connaissait pas la peur.
Olivier Cariguel

Guide sentimental des piscines municipales de Paris d'Isabelle Louviot et Jacques Damade, Éditions La Bibliothèque, 152 p., 22 €

Riche d'un catalogue d'une centaine de titres, les Éditions La Bibliothèque se sont fixé une ligne à l'écart des modes : emmener le lecteur dans « un hors du temps qui est du temps, parfois bien plus que le présent cannibale ». Plongez dans le grand bain, en arpentant le *Guide sentimental des piscines municipales de Paris*, un livre à contre-courant de ses pairs touristiques. Plein de photos, de cartes, de gravures (signées Lucile Germanangue) et d'impressions de voyage ethnographique, il révèle le pouvoir des piscines sur ses deux auteurs, Jacques Damade et Isabelle Louviot. Lequel ? La piscine, affirment-ils, « promet un infini ». À l'égal des églises, renchérissent-ils, « elle nous sépare du monde pour mieux nous ouvrir à un autre ». Elle active les forces imaginantes de notre esprit capable d'oublier « l'odeur du chlore qui nous écœure ou nous attire comme un fumet », de visualiser des vestiaires en cabines de paquebot ou de s'initier à la marche du bon pédiluviste. Après l'avoir lu, vous regarderez autrement les 41 piscines municipales parisiennes réparties dans 17 arrondissements. Dévoiler « l'âme du bassin » au terme d'une enquête de plus d'un an, le projet tient du pari littéraire qui creuse le fond de l'être. C'est un guide à deux visages. Fidèle au genre, il développe les dimensions urbaine, patrimoniale et historique de ces lieux de baignade, œuvrant à la démocratisation de la natation et à l'émergence des loisirs pour tous dans la capitale traversée par la Seine. Plus original est l'œil amusé, poétique que posent les deux explorateurs, totalement portés par une phrase extraite d'*Aurélien*, placée en exergue : « C'est inouï, en plein Paris, la caresse, l'enveloppement de l'eau. » Le souvenir de Gaston Bachelard, le philosophe de *L'Eau et les rêves*, est prégnant quand Jacques Damade et Isabelle Louviot décrivent la métamorphose du nageur : « Il y a un avant et un après la piscine. On le sait quand on sort. On s'est shooté au chlore. On n'est plus pareil. Quelque chose a circulé, s'est unifié. On a abandonné quelque chose de soi, on s'est abandonné à l'eau. » Une série de visions et de vertiges nous emporte d'une sensation à l'autre. Par exemple, cette rêverie, à la piscine si bien nommée des Amiraux, sur « l'eau sertie de blanc, de vert et de lumière ». Ou le frisson à la lecture de la stupéfiante adresse, à deux pas du métro Belleville, de la piscine Alfred-Nakache, rue Dénoyez.
Olivier Cariguel

Les Musiciens et le pouvoir en France. De Lully à Boulez de Maryvonne de Saint Pulgent, Gallimard, 544 p., 35 €

L'exception culturelle s'applique à toutes les disciplines, et l'intérêt de l'étude de Maryvonne de Saint Pulgent consiste à rappeler en dix moments clés les liens étroits qui unissent en France la musique au pouvoir politique. 2025 marque le centenaire de la naissance de Pierre Boulez, qui a tant influencé la vie musicale au cours de la seconde moitié du XXe siècle. Chef d'orchestre, compositeur, théoricien, cet inlassable promoteur de la musique contemporaine s'est appuyé sur le pouvoir politique des différents présidents de la Ve République afin de concrétiser les projets ambitieux qu'il nourrissait. Qu'il s'agisse de Georges Pompidou, de Valéry Giscard d'Estaing, de François Mitterrand ou de Nicolas Sarkozy, Pierre Boulez n'a pas hésité à frapper à leur porte afin de défendre son institut de recherche musicale, sa constitution d'un orchestre adapté à sa musique expérimentale, les moyens dont il avait besoin et même la réalisation d'une nouvelle salle de concert, adaptée aux exigences internationales. Forte de ce constat, qui ne manque pas de surprendre, l'autrice du *Gouvernement de la culture* retrace à partir d'exemples bien choisis ce compagnonnage entre la musique et le pouvoir du prince. On sait quelle importance Louis XIV accordait au concert et au ballet. Son intervention fut décisive dans la promotion de Lully – qui francisa son nom en adoptant un y final – ou de Delalande. L'auteur rappelle d'autres épisodes moins connus, notamment autour de Napoléon avec Lesueur et Spontini, ou les déboires de Berlioz. Cette implication dans la programmation musicale se renforce avec l'affirmation d'un pouvoir personnel fort, alors qu'au contraire, les régimes parlementaires du type de la IIIe République laissent les assemblées, les cénacles et autres salons imprimer leurs marques. Le temps de cette relation privilégiée entre musiciens et détenteurs du pouvoir est-il aujourd'hui passé ? Alors que la musique contemporaine semble connaître une éclipse, la question reste ouverte. **Charles Ficat**

Critique et création de Jacques Rivière, Bouquins, 1124 p., 32 €

Où en sommes-nous avec Jacques Rivière ? Voilà un siècle qu'il disparut, à l'âge de 38 ans, laissant un ensemble considérable de textes divers. S'il n'avait publié que trois livres de son vivant – *Études*, *L'Allemand* et *Aimée*, son unique roman –, il composa aussi articles, conférences et lettres qui éclairent sur le climat intellectuel et esthétique du premier quart du XXe siècle. Pour nombre de lecteurs, Jacques Rivière est d'abord cet extraordinaire jeune homme qui correspondit de 1904 à 1914 avec Alain-Fournier. Jamais peut-être échange ne fut plus fervent entre deux âmes si éprises de littérature au point d'en être saisies de vertige. En 1909, Jacques Rivière épousera Isabelle, la sœur de son ami, avec laquelle il aura deux enfants. Passionné de critique littéraire, le futur directeur de *La NRF* cherchait à s'immerger complètement dans une œuvre afin d'en saisir tous les contours avant de continuer à évoluer et de trouver sa propre voix. C'est ainsi que, tour à tour, il s'enthousiasma pour Maurice Barrès, Paul Claudel, André Gide, Arthur Rimbaud et bien sûr Marcel Proust, qu'il contribua, à travers tous ses efforts, à faire connaître dans la première moitié des années vingt. C'est lui d'ailleurs qui dirigera le célèbre numéro de *La NRF* de janvier 1923, *Hommage à Mar-*

cel Proust. Doté d'une équipe d'élite (préface de Jean-Yves Tadié, direction de Robert Kopp avec la collaboration d'Ariane Charton, escouade composée d'Olivier Bellamy, Paola Codazzi, Stéphane Guégan, Jean-Marc Quaranta et Jürgen Ritte, sans oublier la postface d'Agathe Rivière), ce volume offre un panorama complet des centres d'intérêt de Rivière (littérature, peinture, musique, politique). À l'occasion du centenaire de sa mort, on ne pouvait rêver meilleur tombeau que cette anthologie. À sa mort, Gide écrivit de lui : « Il exigeait toujours plus et mieux de lui-même, et n'était jamais plus pareil à lui que progressant. » Personne ne saurait affirmer dans quelle direction serait allé Jacques Rivière s'il avait survécu, mais grâce à *Critique et création* progresse la connaissance de son œuvre.
Charles Ficat

Figure[s] de l'art contemporain. Des esprits conquérants de Nathalie Obadia, Le Cavalier bleu, 288 p., 23 €

Nathalie Obadia est l'une des grandes galeristes françaises qui font connaître dans le monde entier une vision européenne de l'art contemporain. Elle est partie prenante en première ligne de l'écosystème qui s'est développé autour de celui-ci. Pour nous faire partager son expérience, elle a sélectionné 24 personnages, artistes, marchands, collectionneurs, créateurs d'événements et un architecte, qui l'ont façonné, reliant le secteur culturel et le secteur économique. Chaque acteur joue son rôle comme prescripteur ou comme « disrupteur » pour installer une nouvelle frontière accroissant le rayonnement de l'art contemporain. Les limites deviennent floues entre l'art, le spectacle, la mode, la photographie, l'art urbain. Les œuvres se dématérialisent et la technologie investit le domaine de l'art. L'important est que le circuit fonctionne et s'amplifie en permanence : une galerie propose, un mécène prescrit, un événement est organisé pour lancer un nouveau nom, un musée expose et valide, la valeur croît, les amateurs suivent par mimétisme, retour au marchand. C'est ainsi, par exemple, que Yayoi Kusama est passée d'artiste de *happening* new-yorkaise à mascotte mondiale pour Louis Vuitton, comme on a pu le voir dans les rues de Paris. La grande percée a été de pouvoir imposer l'art contemporain sous ses différentes formes comme marqueur de la réussite : l'arrivée sur ce marché des Chinois ou des Indiens de la génération du boom économique en est une illustration. Pour les grands mécènes, c'est un outil d'influence à résonance planétaire. On peut toujours considérer cette évolution comme un appauvrissement de ce que l'on met en général sous la définition de l'art. Mais le livre de Nathalie Obadia incite à un autre regard. Prenons Paris, par exemple : à côté des grands musées, qui attirent des millions de visiteurs, se sont développées trois fondations privées, Pinault, Cartier, Louis Vuitton, qui témoignent de tout l'apport de cette rencontre entre l'art contemporain et l'économie. Cela signifie plus d'expositions, plus de galeries, plus d'artistes encouragés, et ce n'est pas un hasard si après Bâle, Miami et Hong Kong, Paris est devenue le quatrième site pour « Art Basel », qui donne le ton sur le marché mondial de l'art contemporain. Une autre dimension à intégrer dans ce regard sur le fonctionnement du marché de l'art et son expansion est l'ouverture aux autres continents, le Sud global, et le rôle joué par les galeristes et les mécènes pour découvrir de nouveaux artistes, notamment africains, et contribuer ainsi à poser les bases dans ces pays du même type d'écosystème. **Thierry Moulonguet**

Décoloniser la Kanaky-Nouvelle-Calédonie de Benoît Trépied, éditions Anacharsis, 288 p., 20 €

Elle surgit dans l'actualité toutes les deux ou trois décennies avant de replonger dans ses profondeurs, laissant la plupart d'entre nous emplis d'interrogations. La Nouvelle-Calédonie est une terre lointaine du Pacifique où s'opposent deux communautés, démographiquement presque équivalentes : les Kanak, peuple premier, indépendantistes, et les Caldoches, Européens descendants de colons et de bagnards attachés à la France. Saisir la complexité de ce conflit, dont toute lecture manichéenne mène à l'impasse, est une gageure. En mai 2024, quand le Caillou s'est embrasé après vingt-six ans de paix continue, Benoît Trépied s'est donné ce défi. Anthropologue au CNRS, fort de plusieurs années de vie sur place et de solides amitiés dans les deux camps, l'auteur réussit à livrer une synthèse accessible et rigoureusement documentée de ce dossier. Le récit court de la période précoloniale jusqu'aux élections législatives de juin 2024 et trace des perspectives alors que l'archipel doit s'inventer un nouvel avenir politique et institutionnel après trois référendums d'autodétermination – entre 2018 et 2021 – qui ont rejeté l'indépendance. Encalminé depuis plusieurs années, le débat a dégénéré à partir du 13 mai l'an dernier en insurrection politique et sociale, faisant 14 morts, dont 11 Kanak, et plus de 2 milliards d'euros de dégâts. « Je suis très pessimiste, même si je crois qu'une envie de paix et de destin commun demeure, notamment chez les jeunes », confie Benoît Trépied, dont l'ouvrage s'attarde sur les enjeux de la décolonisation mise sur les rails en 1998 par l'accord de Nouméa, dix ans après les accords de paix, dits de Matignon. Inédit dans la République, cet accord espérait donner à la France l'opportunité de réussir pour la première fois une décolonisation. Ses fondements : l'accompagnement à l'exercice de compétences de plus en plus larges, le partage de souveraineté sur des pouvoirs, y compris régaliens (diplomatie), la protection de l'emploi local et surtout le contingentement du droit de vote aux élections locales, alors que la Nouvelle-Calédonie fut, avec l'Algérie, la seule colonie de peuplement de l'empire français. « La mise en œuvre *[de l'accord de Nouméa]* n'a pas été à la hauteur du souffle politique de 1998 », déplore Benoît Trépied, soulignant toutefois que sa lettre et son esprit ne sont pas en cause. Avec raison, il explique d'ailleurs pourquoi la volonté de certains, à commencer par l'État, de s'en affranchir a mis le feu aux poudres. **Claudine Wéry**

Un crime d'État de Farid Alilat, Plon, 280 p., 21 €

Le 20 octobre 1970, Krim Belkacem est retrouvé mort, étranglé dans une chambre d'hôtel à Francfort. Qui a tué cette icône du FLN et de la guerre d'Algérie ? C'est la question qui obsède le journaliste algérien Farid Alilat depuis plusieurs années. Avec cette enquête étayée d'archives inédites, le journaliste, critique du régime algérien, signe le récit haletant de trois histoires. Celle d'un homme, d'abord, à la fois important et méconnu en France. Né en 1922, Krim Belkacem s'indigne des différences de traitement entre musulmans et Français de métropole pendant son service militaire. Il prend le maquis en 1947 et devient vite un des premiers chefs du FLN. Ministre de la Défense, puis des Affaires étrangères, c'est sa signature qui scelle les accords d'Évian, en 1962, au terme de négociations périlleuses avec les émissaires de De Gaulle. Une fois l'indépendance obtenue, il s'oppose aux dérives autoritaires d'Ahmed Ben Balla et de Houari Boumédiène, dont il s'est toujours méfié, jusqu'à finir piégé, condamné à mort, trahi par ses amis et assassiné par un mystérieux commando. Mais à travers cette affaire, Farid Alilat raconte aussi les guerres intestines qui ont fait prendre à l'Algérie le chemin de la dictature. D'un côté, Krim, tenant d'une ligne démocratique, laïque et libérale. De l'autre, Boumédiène, impitoyable colonel allergique à la contestation, rêvant d'une république socialiste à parti unique. Pour Farid Alilat, il est probable que ce dernier ait commandité l'assassinat, bien que d'autres hypothèses existent, comme celle d'une vieille rancœur avec Ahmed Draïa, le patron de la police nationale. *Un crime d'État*, enfin, est l'histoire d'un mensonge, d'une omerta. Ces luttes fratricides et sanglantes ont été effacées du récit national algérien, qui prétend que le front révolutionnaire a toujours été uni face à la puissance coloniale. C'est ce que dénonce Kamel Daoud dans la préface du livre : « On préfère le mythe à l'exactitude, le mensonge ennobli à la vérité utile pour les générations futures. » Une injonction au silence dans laquelle le pouvoir algérien reste replié, comme en témoigne la honteuse détention de Boualem Sansal. **Aurélien Tillier**

REVUE
DES DEUX
MONDES

97, rue de Lille, 75007 Paris
Tél. 01 47 53 61 50
N° ISSN : 0750-9278
www.revuedesdeuxmondes.com

Rédaction
Directrice **Aurélie Julia**
ajulia@revuedesdeuxmondes.fr
Secrétaire de rédaction **Caroline Meffre**
cmeffre@revuedesdeuxmondes.fr
Révision **Adrien Pearron**

Communication, partenariats, publicité
Responsable du développement et des partenariats
Marie Pagezy
mpagezy@revuedesdeuxmondes.fr

Relations presse et éditeurs
Claudine Wéry
Tél. 01 47 53 61 55
cwery@revuedesdeuxmondes.fr

Société éditrice
La Revue des Deux Mondes est éditée par la Société de la Revue des Deux Mondes SNC au capital de 2 545 074 euros.

Principal actionnaire
Groupe Fimalac

Directeur de la publication
Thierry Moulonguet

Conseiller de la présidence
Franz-Olivier Giesbert

Abonnements
(9 numéros par an format papier + numérique)
France 1 an › 89 euros – 2 ans › 165 euros
Abonnement étudiant 1 an › 65 euros
Étranger 1 an › 129 euros

Service des abonnements
En ligne : www.revuedesdeuxmondes.fr/abonnement.

Par courrier :
Revue des Deux Mondes
20, rue Rouget-de-Lisle
92130 Issy-les-Moulineaux
Tél. 01 44 70 14 71
abonnement@revuedesdeuxmondes.fr

Vente au numéro
Disponible chez les principaux libraires (diffusion Humensis, renseignements **Andrés Morales** 01 54 42 84 82, andres.morales@humensis.com, distribution Union Distribution) et marchands de journaux. Renseignements vente au numéro **Gilles Marti** 01 40 54 12 19, gilles.marti@valmonde.fr.
Ce numéro comprend un bulletin d'abonnement broché entre les pages 128 et 129.

Crédits Couverture © Gabrielle Ferry ; illustration p. 7, © Urbs.

Imprimé en France par CORLET Imprimeur avec des encres à base végétale SUN CHEMICAL sur du papier issu de forêts gérées durablement et façonné avec des colles HENKEL à base de matériaux renouvelables.

Commission paritaire : n° 0325D81194